ときめく黒い服

渡部サト

河出書房新社

ときめく黒い服

contents

レースの
シャーリングブラウス

袖口と裾、前あきに綿の幅広レースをつけたフェミニンなブラウス。裾は四角くつくる製図なので、ギャザーの分量はお好みでどうぞ。ヴィヴィッドなインナーを合わせる、チラリ色遊びのスタイリングも映えると思います。

how to → p.40

b

ティアードの
ノースリーブワンピース

段々のワンピースは、身頃にティアードスカートをつける要領。プラス分はギャザーではなくタックにしたので、凸凹が面白いリズムを生み出しました。段数は、身長に合わせて加減してください。

how to → p.36-37

C

ガーゼストライプの
オーバーブラウス

bのワンピースの段数を少なく、袖をつけてブラウスにしました。このガーゼの生地は、bのドビーよりも厚みがあるのと、シルエットにボリュームを出したかったので、ほんの少しタックの分量を増やしました。

how to → p.36-37

a

ブロックキルトの ジップアップジャケット

「スマートで品のある、使える冬の上衣」で行き着いたのがこのジャケット。作品は裏地をつけましたが、なくても OK。でもポケットはがんばってつけてくださいね。あると絶対便利ですから。

e ハイネックの ジップアップベスト

素材はニット地を選びましたが、ムートンやスウェードで作ってもあったかそうで、プチゴージャスで、かわいいです。何となく気分で、胸ポケットにボタンを５つ並べてみました。手づくりですから、アレンジは自由！

how to → p.41

f

胸ダーツの
ボートネックワンピース

シンプルなデザインにちょっぴりひと工夫したくなって、胸にダーツ。どこかにチャームポイントがあると、格段に愛しくなりますよね。「ボートネック」は、横に長く、前後に浅い、舟底型の衿あきのことです。

how to → p.42-43

シフォンレースの重ね着ベスト

「ヘンテコベスト」第２弾。スパングルつきの透ける素材を使って、重ね着を楽しめるような涼し気アイテムに。身頃と裾は布目をタテヨコにしてリズムをつけました。大きい白ボタンもポイントです。

how to → p.44-45

g

コーデュロイのヘンテコベスト

さらりと１枚羽織るだけでサマになるような、存在感のあるベストが欲しいな。それが、この「ヘンテコかわいい」ベスト誕生のきっかけ。ロンドンで見つけたピンクのベロアの帽子とも相性が良くて、万々歳です。

how to → p.44-45

h

i

タックプリーツの
5分袖ワンピース

いつも心を奪われてしまうのが、プリーツスカートのワンピース。今回はタックプリーツにしたので、やわらかなニュアンスに仕上がりました。身頃は少しゆったりめ、が「永遠のワンピース」って感じで好きです。

how to → p.46-47

スクエアネックの
ジャンパースカート

j

布地はジャカード。黒地に茶色の、七宝つなぎみたいな幾何学模様が印象的です。セーターなどを合わせられるように、袖ぐりは広め。ノースリーブのワンピースとして着るなら、もう少しタイトにつくってください。

how to → p.46-47

l

k

ハイネックの七分袖シャツ

引き算の美学。そんな言葉が浮かんでくるようなグッドルッキングなシャツ。タイトに着るのが格好いいと思うので、ワンサイズ小さい型紙で作ってみてはいかがですか？　サイズをよく確認して、はちきれない範囲で…。

how to → p.48-49

フリルの墨黒シャツ

お隣とはうって変わってデコラティブ。ヴィクトリアン？レトロ？いずれにしてもムードを味わえる１枚。墨黒地のドビーストライプで、メンズライクなエッセンスをプラス。甘すぎないのが魅力です。

how to → p.48-49

m

サッカーの台衿つきシャツ

是非とも欲しい、しかもいろいろな素材で何枚も、なスタンダードシャツ。きりりとスマートなカフスつき。みんなに見てほしいので、意味もなく手を上げ下げしそうです。

how to → p.50

n

水玉ジャカードの
ワンピース

マニッシュなシャツワンピースに、水玉ジャカードがピタリとはまりました。水玉のパターンがアンティークみたいにも見えるけれど、今のモノ。このデザインなら、きっとどんな素材で作っても大成功！のはずです。

how to → p.51

O

V あきのミディ丈ワンピース

きれいなシルエットの、クールな大人のワンピース。なかでも黒い生地ならば、重宝すること間違いないでしょう。季節によっては、中にシャツやセーターを合わせても。
how to → p.52

へちまカラーの ギャザーワンピース

イメージは避暑地のお嬢さん。袖ぐりと裾に繊細なレースをつけました。ギャザーのふんわりロングスカートで可憐さアップ。もちろん都会でも是非。

how to → p.53

9

切りっぱなしの
テーラードジャケット

切りっぱなしの効果でしょうか？　形はオーソドックスなのに、アートな気分のジャケットです。ステッチから布端までの幅を広くして、もっとフリンジ風に遊んでも面白いかもしれません。

how to → p.54-55

ツイードの丸衿ジャケット

衿と裾の角丸がフェミニンなジャケット。冬ならばベロアや、夏ならばレースなどで欲しい万能アイテムです。ボタンは、大きめのものを1つにしてもポイントになってかわいいと思います。

how to → p.54-55

r

S

ステッチスカートのワンピース

コーデュロイとベロアのコラボレーション。黒同士なら、組み合わせも自由自在で失敗なし。スカートのはぎ位置には両側にランニングステッチを刺しました。華のあるでき上がりは、手仕事の勝利です。

how to → p.56

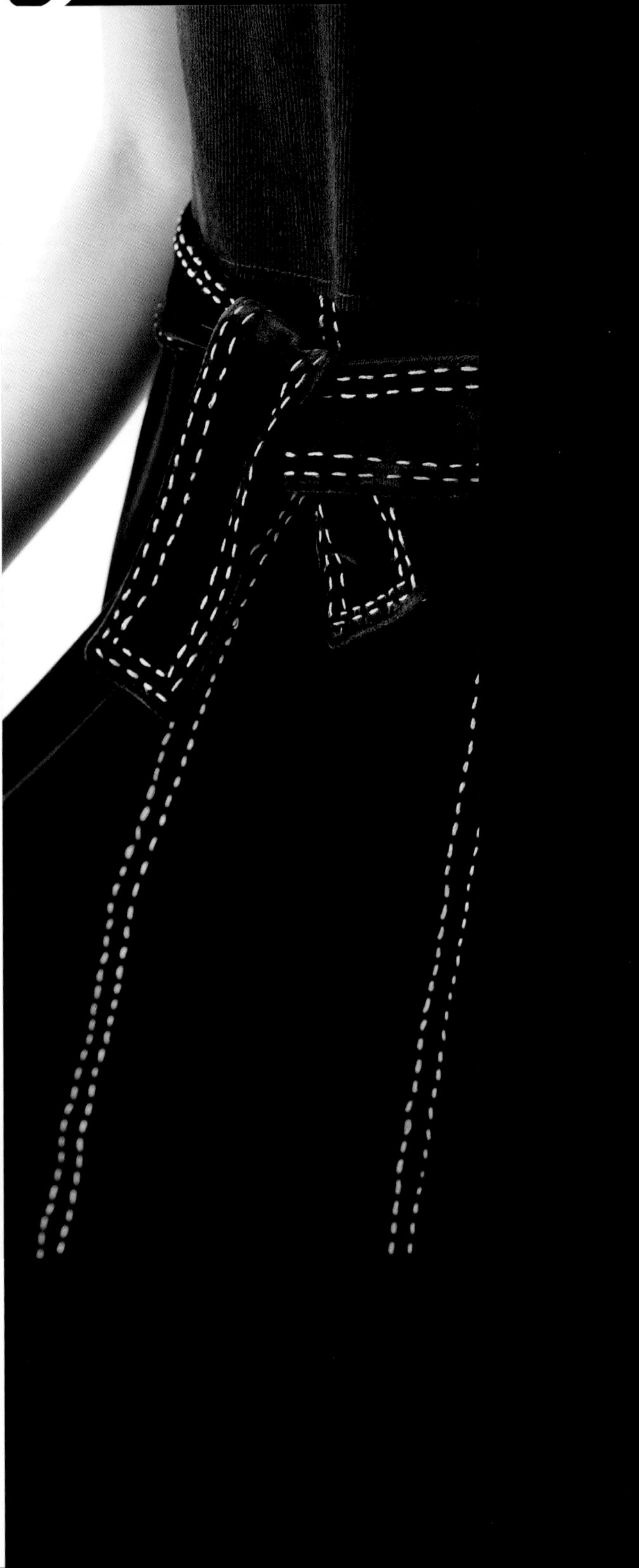

A ラインのブロックスカート

A ラインのスカートは、もっとも優秀なシルエットだと思います。すっきり見えて、それでいて女性らしくて。少し個性的に仕上げたかったので、タテヨコにはいで変化をつけました。

how to → p.57

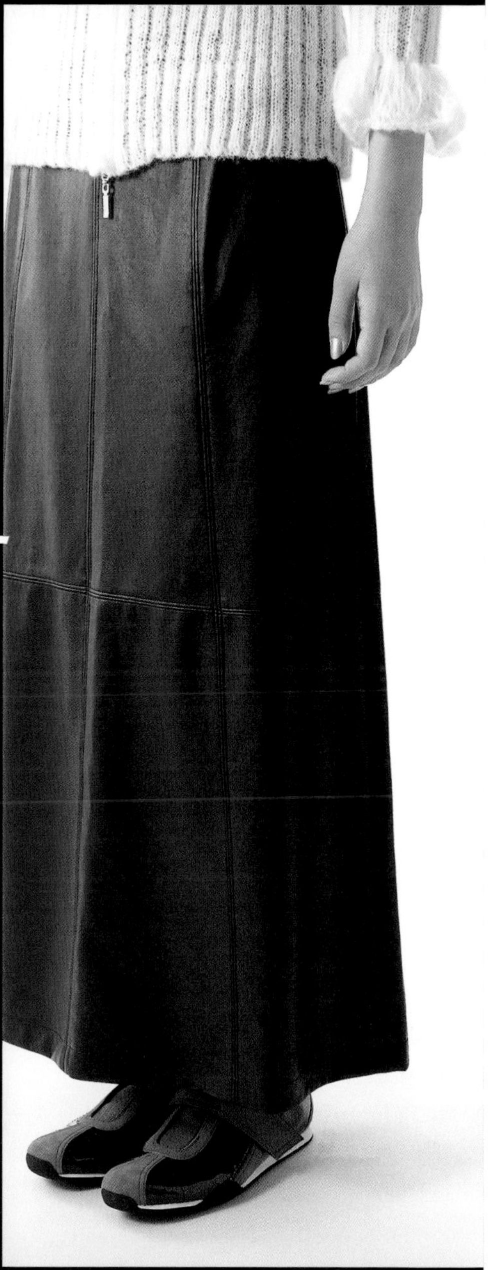

t

変形ジャンパースカート

一風変わったの、好きなんです。だからといって奇妙きてれつなのは嫌ですけど。このジャンパースカートはあらゆるアシンメトリーの集結した合格例。定番にしたくなるほど、愛すべき1着になりました。

how to → p.58

v

袖がレースの
チュニックブラウス

レース使いのお洋服は、女の子の醍醐味だと思います。ベースになる生地はシーズンによってチェンジ！　いろいろな表情を楽しんでください。丈を延ばしてワンピースにしても素敵。あるいは、おへそが見えるくらいのミニにしても。

how to → p.63

w

イントになりそうです。少しウエストをシェイプしたシルエットもきれい。

how to → p.59

X

リボンのチャイナワンピース

もはや定番のチャイナも、ラグランスリーブでフレアーラインにすると、新鮮で見慣れぬ顔になります。ゆったりシルエットなので、着心地も期待大。夏ならば、麻などいかがでしょうか。

how to → p.60

フラノのショートコート

「奇抜すぎず、でもさり気なく凝ったジャケット」が欲しくてできたのがこの形。せっかくなので、目のつまったすこぉし上等なフラノを奮発してショートコートに。スクエアのボタンはアンティーク。永く使いたい、特別な1枚になりました。

how to → p.61

v

30

my favori

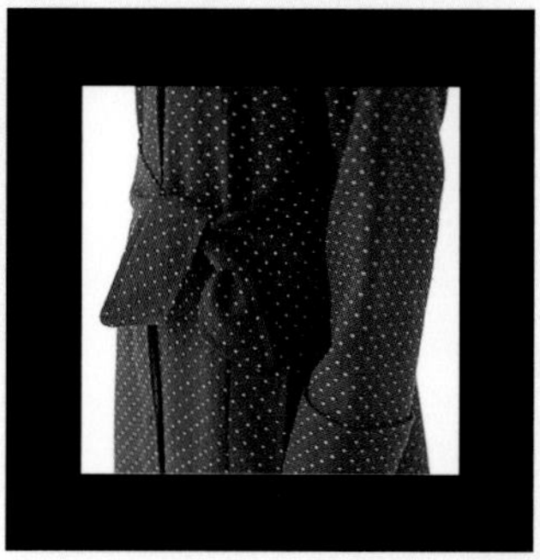

te black

Z

ピンドットのラグランコート

なんとも愛らしいピンクのドットドビーに一目惚れしてしまいました。帽子とベルトは、余り布の無駄なしオプション。大きめの衿とボタンがノスタルジックな雰囲気です。ボタンはまたまた奮発のアンティーク。見えないけれど、裏地もピンクできめてます。

how to → p.62-63

「うわぁ、素敵」

立ち止まって、うっとりと呟いた私は小学生でした。

洒落た商品が並ぶ雑貨屋さんの店先に貼られた、白黒のポスター。

どこか、ざわっとしたヨーロッパの街並みで、

黒い服をまとった後ろ姿の女性が立っていました。

幼い私の胸を高鳴らせたのは、

斬新な白黒の世界で見る異国の雰囲気だったのか、

女性の凛とした佇まいだったのか。

あるいは、ワンシーンを切り取った写真の儚さだったのか。

本当のところ、女性の服が黒だったのかはわかりません。

何しろモノクロの写真でしたから。

それでも私をどきどきさせたのは、黒い、黒い服でした。

初めて「黒い服」を意識した瞬間です。

私は数えきれないほどの黒い服を持っています。

さまざまな黒の、エレガントな、クールな、なかには凡庸な、黒い服を。

誰もが黒い服を持っていると思うけれども、もっとも幸福なのは、

私のところにやって来た黒い服たちに違いありません。

そりゃあ黒い服を愛していますから。

黒でなければ。

黒がなければ。

2005年、こんな熱く強い気持ちを込めて「黒い服」の本を作りました。

「これからもよろしくね、黒い服」とその時は結んだものですが、

情熱と理想にあふれた気持ちが揺るがないことに、

我ながら僅かばかり感動を覚えています。

十数年を経てもなお、心を奪われるのは「黒い服」だとは。

そして今、黒い甘美な日常服たちは

新装版として再びご覧になっていただく機会に恵まれました。

この１冊の中に、あなたをときめかせる「黒い服」があることを願って。

渡部サト

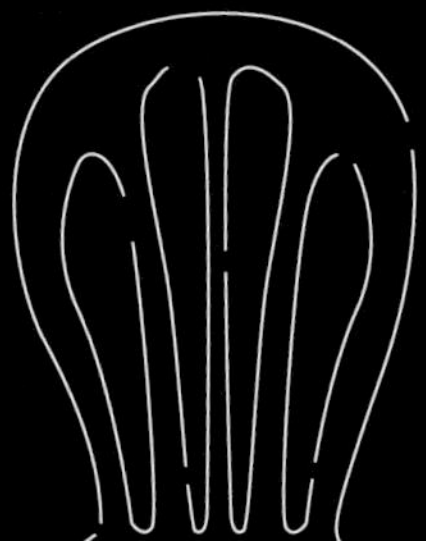

サイズ

実物大型紙はS ～ LL の4サイズ。「ゆったりめ」「ダーツ・切り替えのあるもの」「やや細め」など、大きく3つのシルエットに分けて作品を展開しています。サイズ表記は、シルエットによってゆとり分が異なるので、でき上がり寸法にしました。サイズ表を参考に、自分に合う型紙を選んでください。

また、ワンピースなどの丈の長いものは、標準的なM ～ LサイズをQ目安に長さを決めました。型紙は延長してつくる方法なので、自分の身長に合わせて加減してください。

でき上がり寸法　*単位はcm

■a・b・c・d・e・f・g・h・i・j

		S	M	L	LL
B（バスト）	a～j	91	95	99	103
W（ウエスト）	a～e・g・i・j	88	92	96	100
	f	86	90	94	98
	h	83	87	91	95
H（ヒップ）	f	95	99	103	107

■k・l・m・n・o・p・q・r・s・t

		S	M	L	LL
B（バスト）	k～s	89	93	97	101
W（ウエスト）	k・l・o	71	75	79	83
	m・n	76	80	84	88
	p	81	85	89	93
	q・r	75	79	83	87
	s	76	80	84	88
	t	62	66	71	75
H（ヒップ）	n・o	93	97	101	105
	s・t	94	99	103	107

■u・v・w・x・y・z

		S	M	L	LL
B（バスト）	u～z	92	96	100	104
W（ウエスト）	u～y	82	86	90	94
	z	99	103	107	111
H（ヒップ）	v・x・y	101	105	109	113
	z	107	111	115	119

型紙の作り方

実物大型紙は、切り取らずに製図用紙に写して使います。製図用紙は、ハトロン紙などお好みのものを使ってかまいませんが、透けるものと透けないものでは写し方が異なるので注意してください。
ギャザースカートなど、四角い製図で作る部分は、作り方ページの「裁ち合わせ図」の中に寸法が表示してあります。直接、製図用紙に指定寸法で製図してください。

実物大型紙があるパーツは、「裁ち合わせ図」の中で▭になっています。
実物大型紙に縫い代は含まれていないので、作り方ページの「裁ち合わせ図」に従ってつけていきます。基本の縫い代は1cm。それ以外は（ ）内の数字が縫い代です。縫い代は、製図用紙に写す段階でつけておくと便利です。

透ける製図用紙の場合

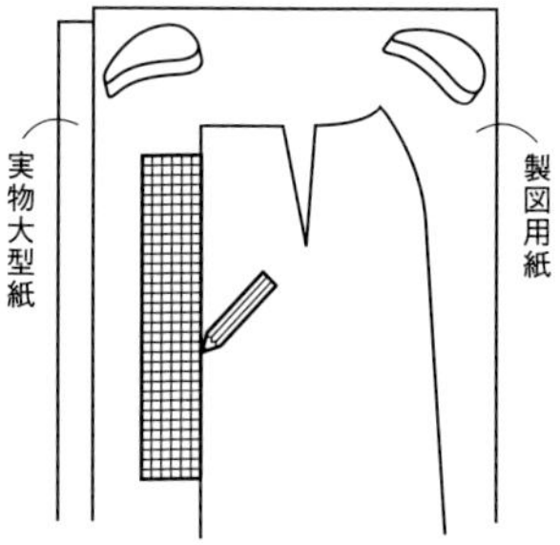

実物大型紙の上に製図用紙を重ね、ずれないようにファブリックウエイトなどを置いて描き写します。直線部分は定規を使い、正確に写します。曲線はカーブ尺を使うと便利です。

透けない製図用紙の場合

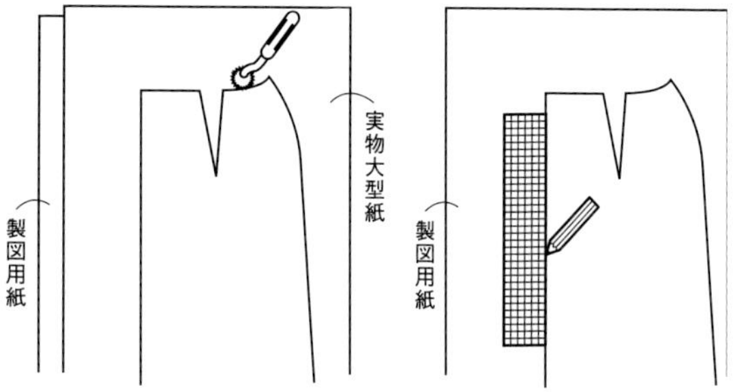

製図用紙の上に実物大型紙を重ね、ルレットで型紙の線をなぞります。すべてを写し終えたら実物大型紙を外し、製図用紙に残ったルレットの跡を鉛筆で描き直します。または印つけの要領で、チャコペーパーを使ってもいいでしょう。

記号の見方

実物大型紙や作り方ページにはさまざまな記号が使われています。記号には意味があるので、ルールに従って服づくりを進めてください。

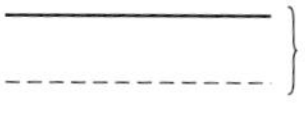
でき上がり線。

見返し線。

「わ」に裁つ線。

等分線。さらに符号（○、⫽）をつけることもあります。

合印。2枚の布がくい違わないように印と印を合わせてつけます。

布目線。矢印の方向に布の縦地を通します。

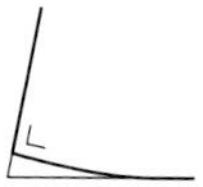
直角の印。作図をするときの案内になります。

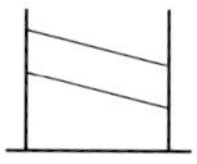
タック。傾斜の方向はタックの方向。この図では、左が上になります。

＊布地はそれぞれのデザインに適したもので作っていますが、お好みの布地を使われてもかまいません。

b photo → p.6 ティアードのノースリーブワンピース

材料
布地…麻パナマドビーワッシャー
106cm幅×S・M2.6m/L・LL3.1m
● 実物大型紙（　）／A面

ガーゼストライプのオーバーブラウス photo → p.7 c

材料
布地…ウールガーゼストライプ
130cm幅×1.8m
● 実物大型紙（　）／A面

縫い方順序（b）

1. 肩を縫って衿ぐりの始末
2. 袖ぐりにテープをつける
3. 脇を縫って袖ぐりの始末
4. ティアードをつくる
5. 裾を縫う
6. 身頃にティアードをつける

●裁ち合わせ図（c）

（　）内は縫い代、指定以外は1cm

•二つ折りにした布の上1枚で前ティアード、下の1枚で後ろティアードを裁つ

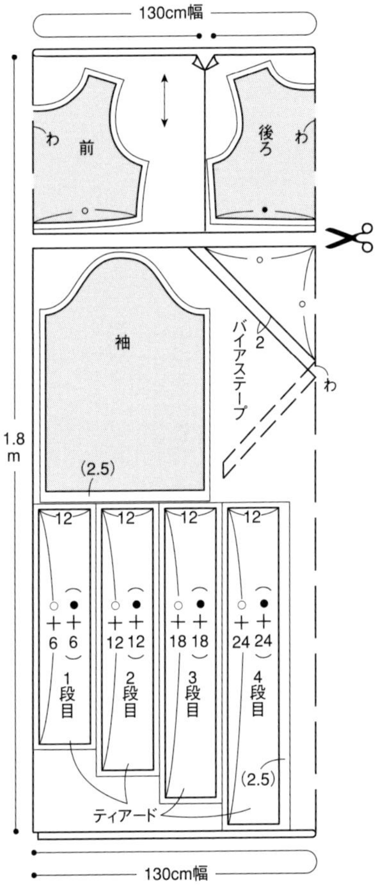

1.肩を縫って衿ぐりの始末

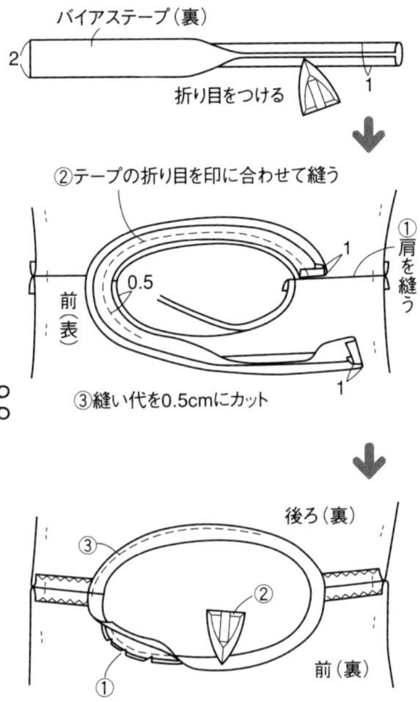

①カーブの部分に切り込み
②テープを縫い目から裏側に折る
③端を縫いとめる

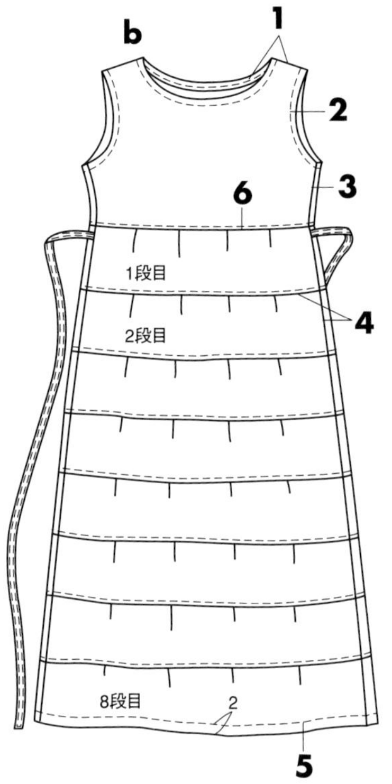

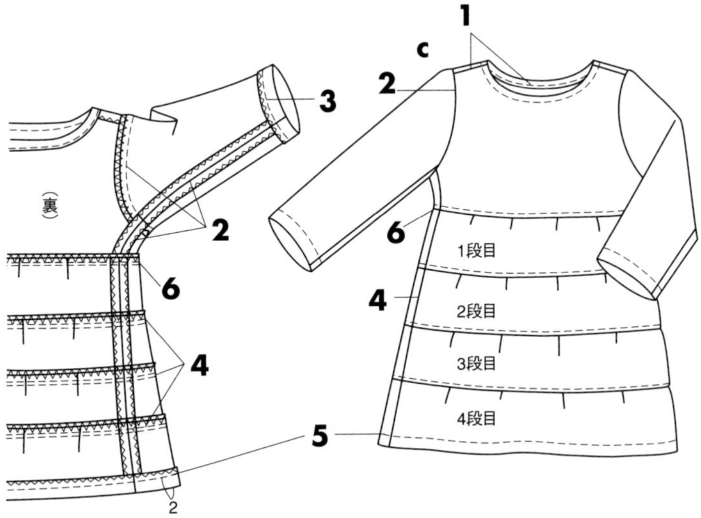

縫い方順序(c)

1. 肩を縫って衿ぐりの始末
2. 袖をつけ、袖下、脇を続けて縫う(p.48参照)
3. 袖口を縫う
4. ティアードをつくる
5. 裾を縫う
6. 身頃にティアードをつける

2. 袖ぐりにテープをつける(b)

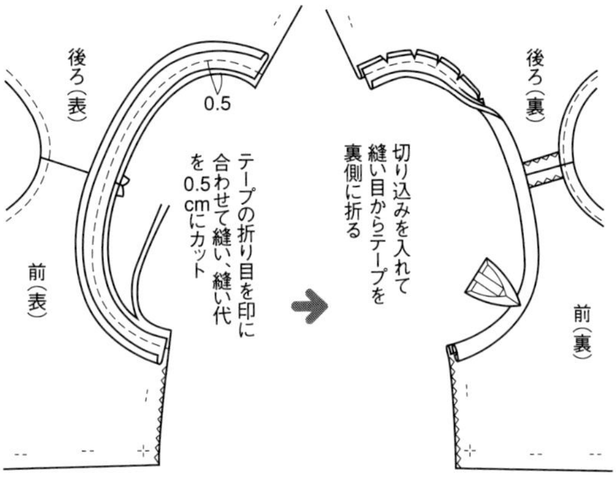

3. 脇を縫って袖ぐりの始末(b)

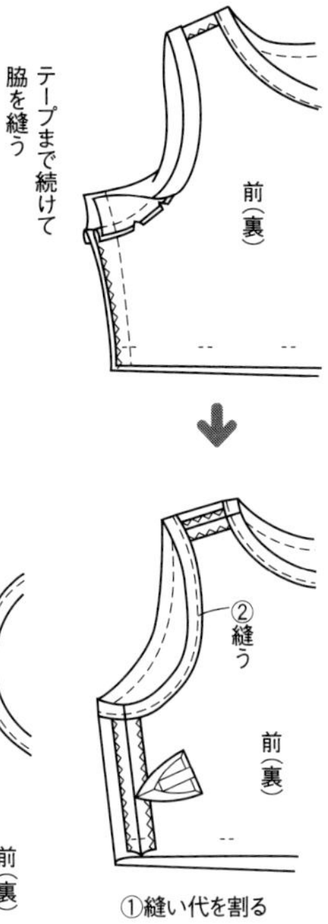

4. ティアードをつくる

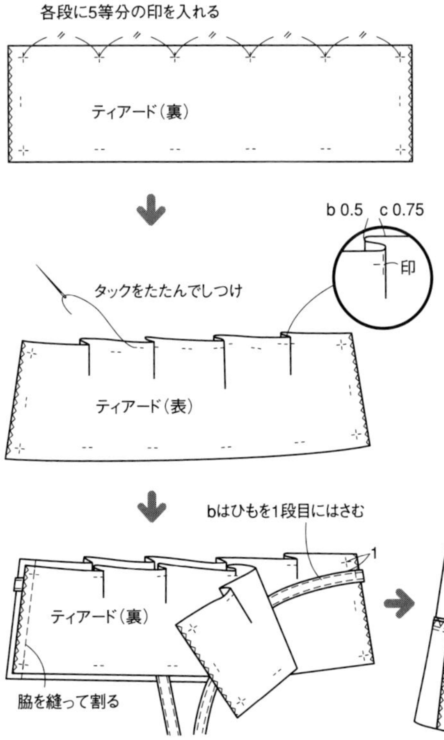

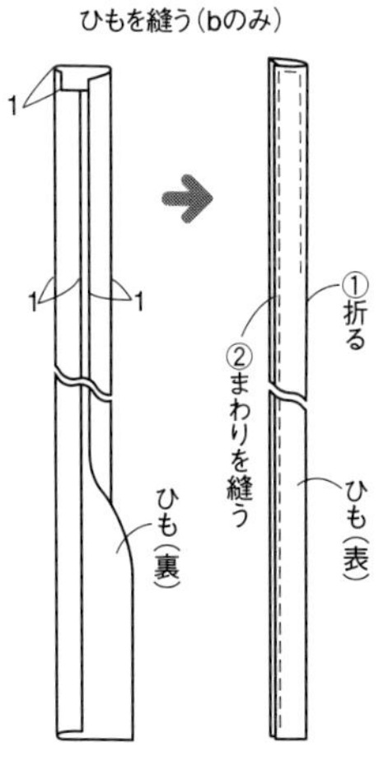

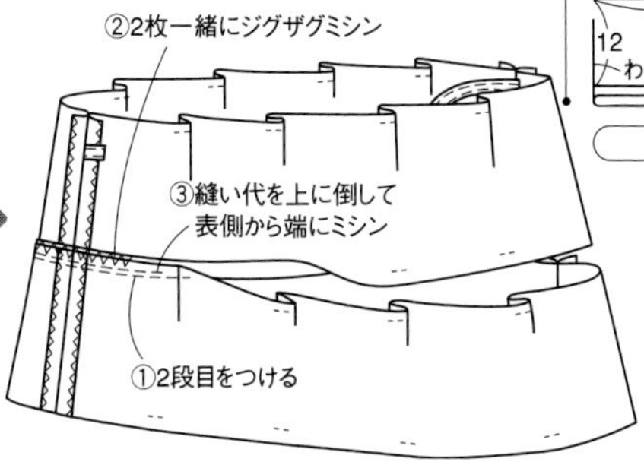

●裁ち合わせ図(b)

(　)内は縫い代、指定以外は1cm

●ティアードは下図の寸法に縫い代をつけて裁つ
●ひもは下図の数字通りに裁つ

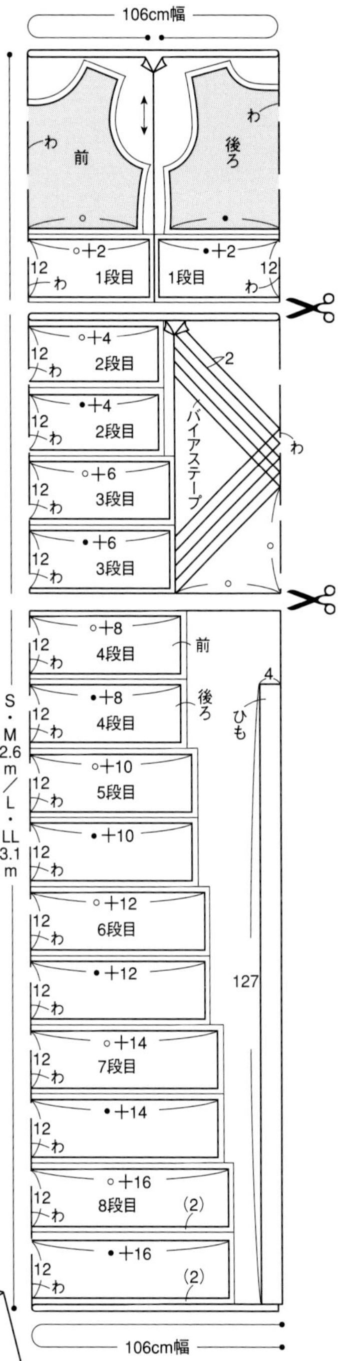

d photo → p.8 ブロックキルトのジップアップジャケット

材料

布地…ブロックキルト120cm幅×1.6m
裏地…ベンベルグ122cm幅×1.3m
オープンファスナー…60cm長さを1本
● 実物大型紙（　）／A面

縫い方順序

1. ポケットをつけ、脇を縫う
2. 肩を縫い、表衿をつける
3. 見返しに裏衿をつける
4. ファスナーをつける（p.41参照）
5. 衿外回りを縫い、袖をつけて、裾の始末
6. 裏身頃をつくってつける

●裁ち合わせ図

（　）内は縫い代、指定以外は1cm

●ポケットの口布は下図の寸法で2枚裁つ

［ブロックキルト］

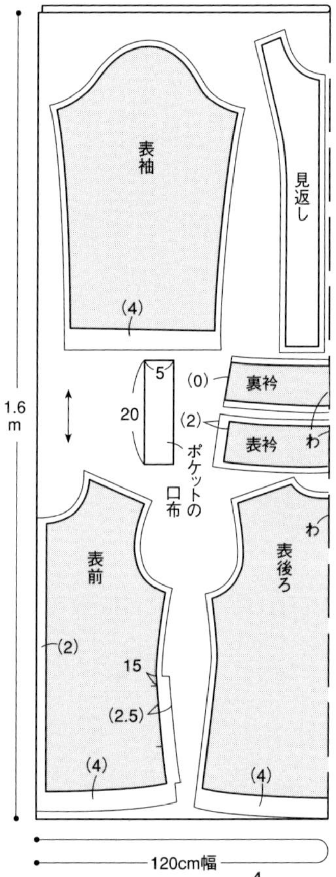

実物大型紙から見返しの型紙をつくる

※見返しの型紙は前中心に平行に1cm欠き取る

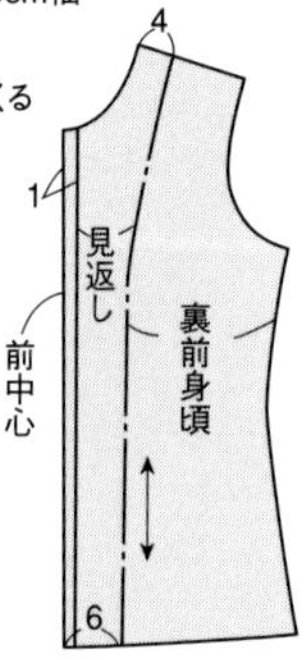

1.ポケットをつけ、脇を縫う

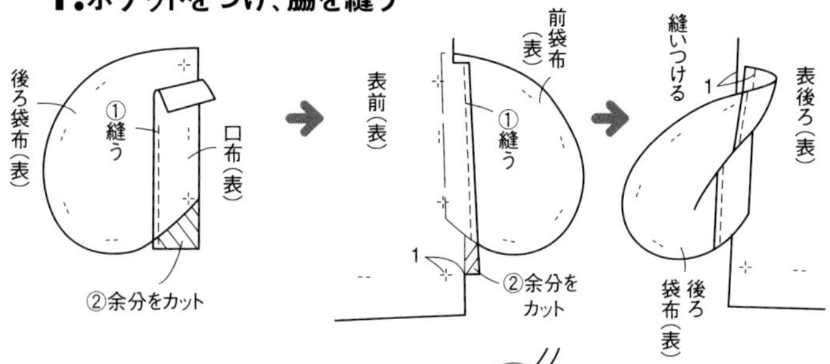

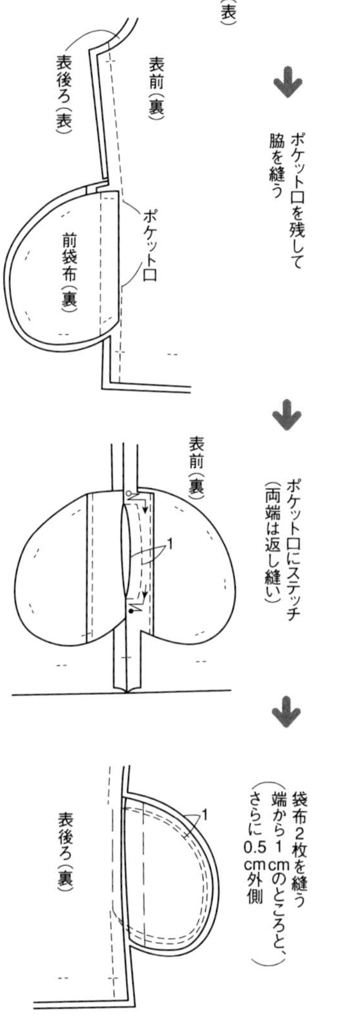

●裁ち合わせ図

（　）内は縫い代、指定以外は1cm

［裏地］

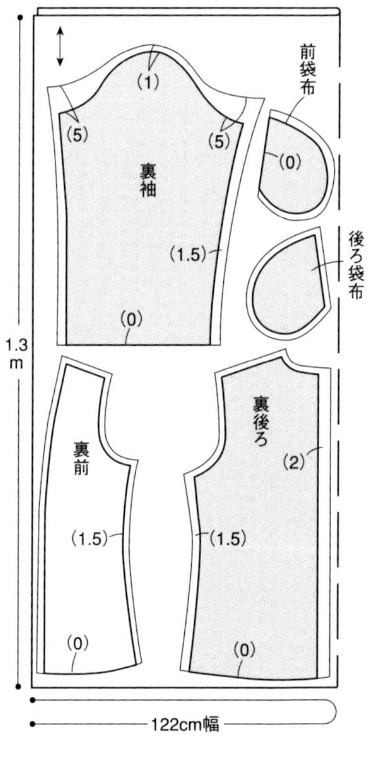

2. 肩を縫い、表衿をつける

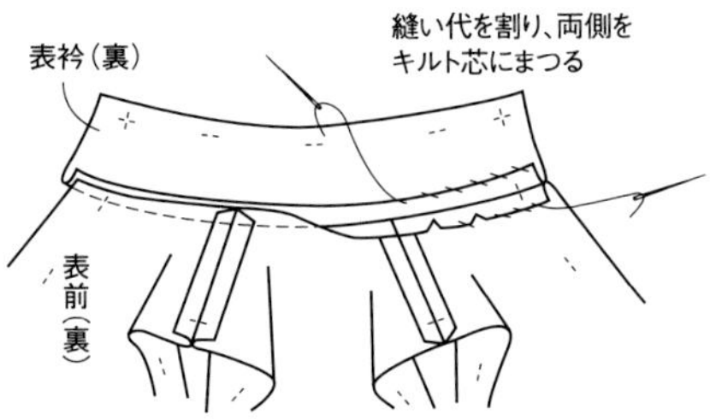

3. 見返しに裏衿をつける

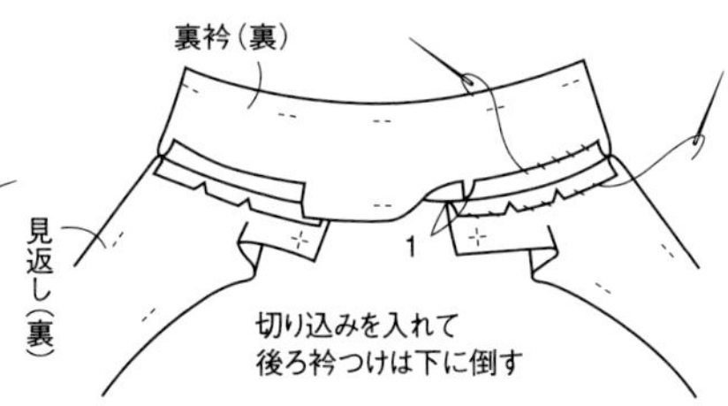

5. 衿外回りを縫い、袖をつけて、裾の始末

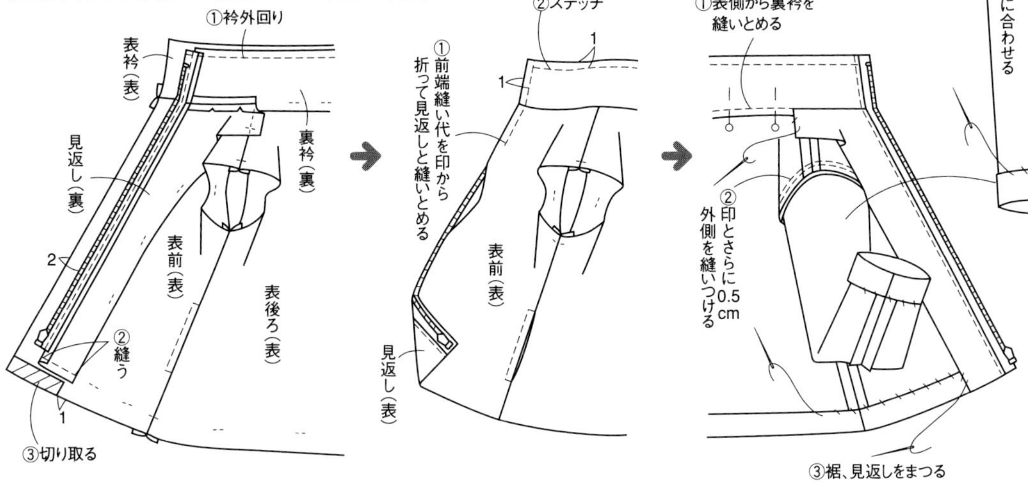

6. 裏身頃をつくってつける

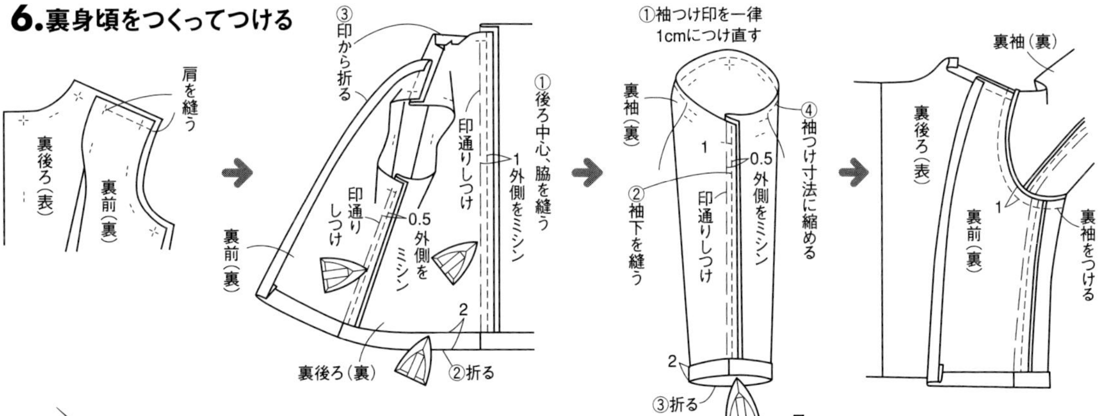

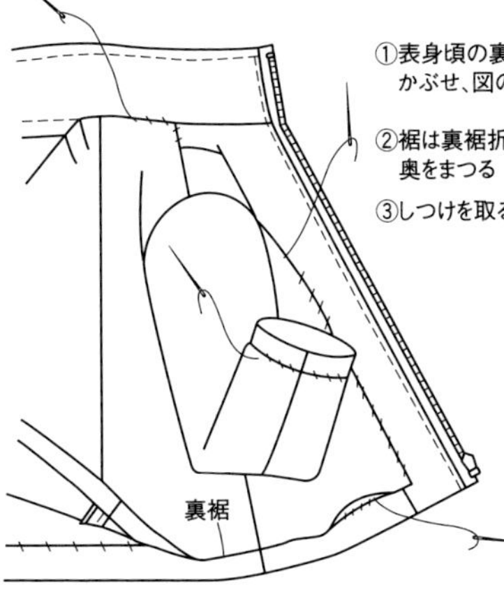

①表身頃の裏側に裏身頃をかぶせ、図のようにまつりつける

②裾は裏裾折り山の1cm奥をまつる

③しつけを取る

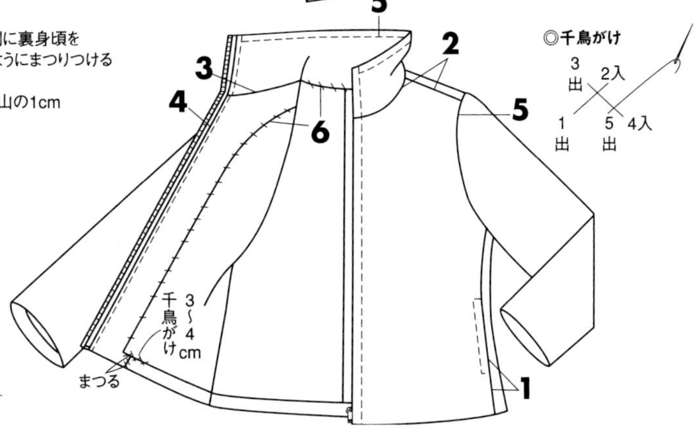

a photo → p.4-5 レースのシャーリングブラウス

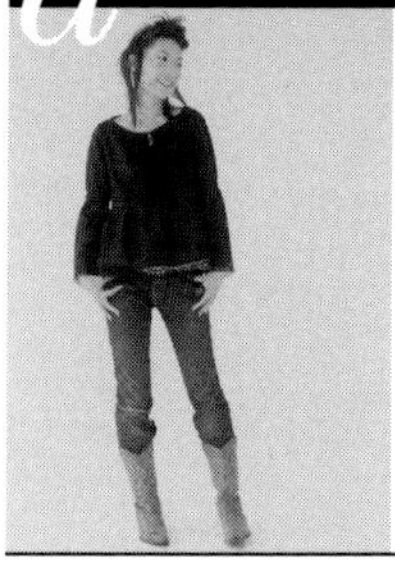

材料

布地…ローン塩縮120cm幅×1.5m

レース…4cm幅を3m

● 実物大型紙（　）／A面

縫い方順序

1. 前端にレースをつける

2. 肩を縫う

3. 衿ぐりの始末

4. 袖をつくる

5. 袖をつけ、袖下、脇を縫う（p.48参照）

6. 裾布にレースをつけ、脇を縫う

7. 裾布にギャザーを寄せて身頃につける

●裁ち合わせ図

（　）内は縫い代、指定以外は1cm

●前裾、後ろ裾は下図の寸法に縫い代をつけて裁つ。
数字は上から順にS・M・L・LL

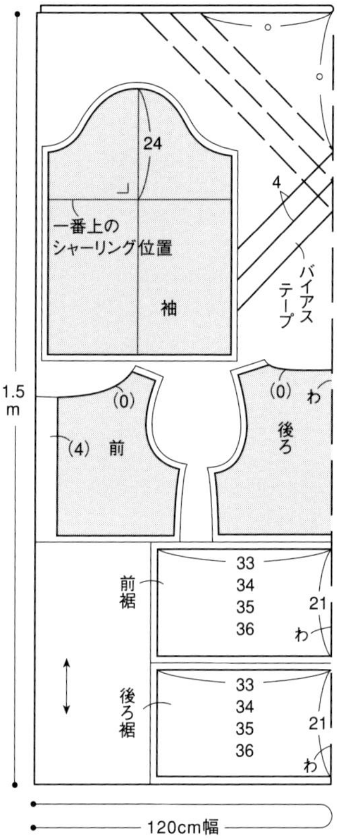

1.前端にレースをつける

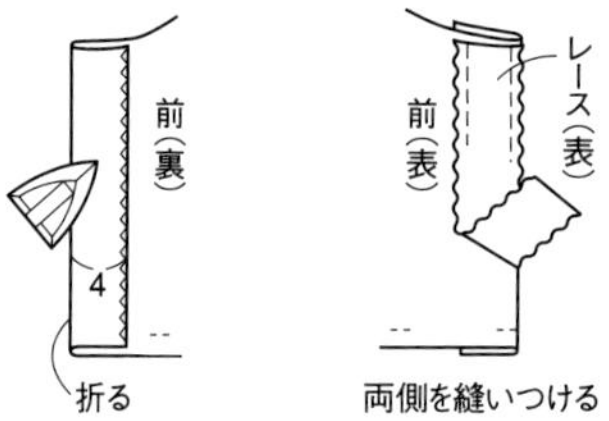

3.衿ぐりの始末

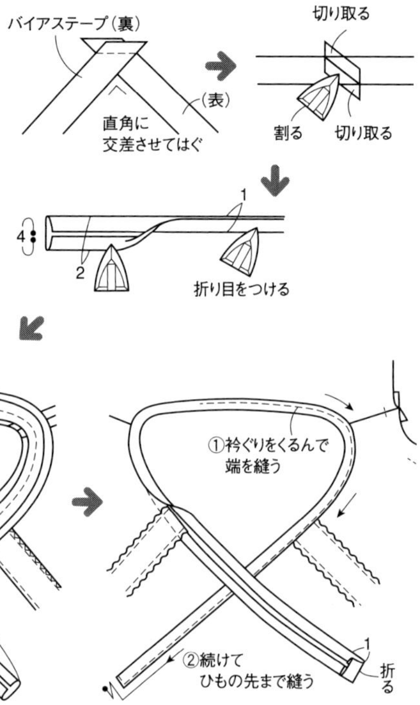

4.袖をつくる

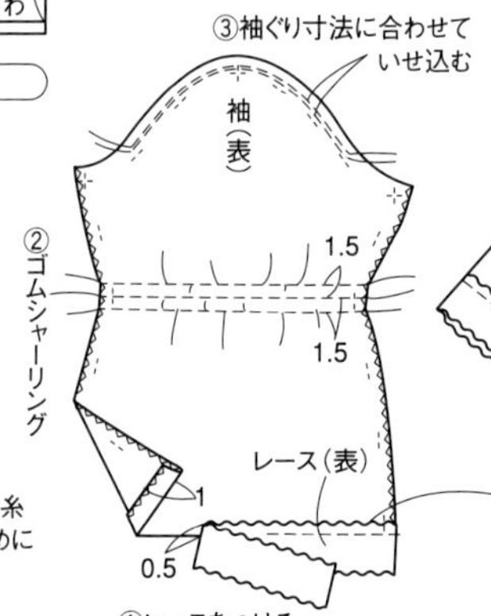

◎**ゴムシャーリング**
ミシン下糸にゴムカタン糸を使い、下糸調子を強めにして縫い縮める

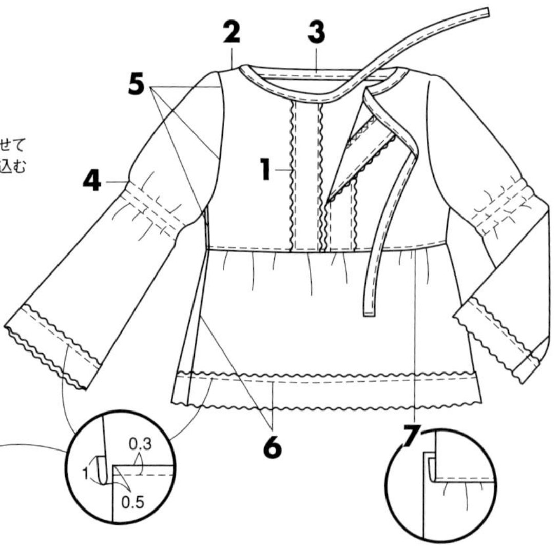

e　photo → p.9　ハイネックのジップアップベスト

材料
布地…シルクネップラッセル135cm幅×1m
接着芯…90cm×40cm
オープンファスナー…60cm長さを1本
● 実物大型紙（　）／A面

縫い方順序
1. ポケットをつける
2. 肩を縫い、表衿をつける
3. 見返しに裏衿をつける
4. ファスナーをつける
5. 脇を縫う
6. 身頃に裏衿、見返しをつける
7. 袖ぐり、裾を縫う

●裁ち合わせ図
（　）内は縫い代、指定以外は1cm

●ポケットは下図の寸法に縫い代をつけて裁つ
●裏衿、見返し、ポケットに接着芯

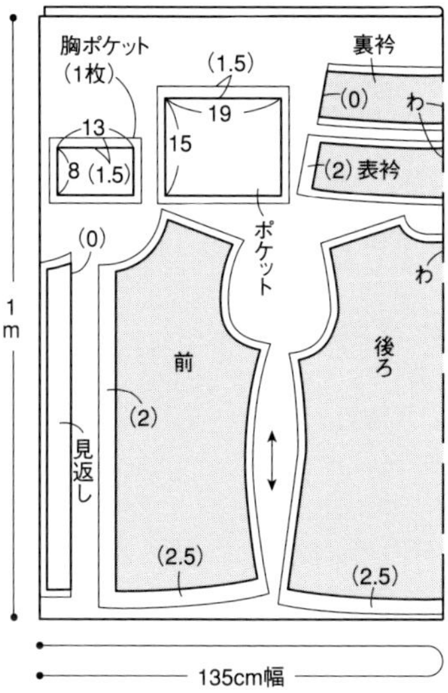

実物大型紙から
見返しの型紙をつくる

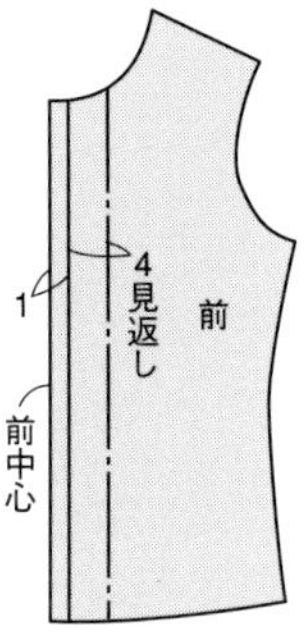

※見返しの型紙は
前中心に平行に
1cm欠き取る

1.ポケットをつける（胸ポケットも同様につくる）

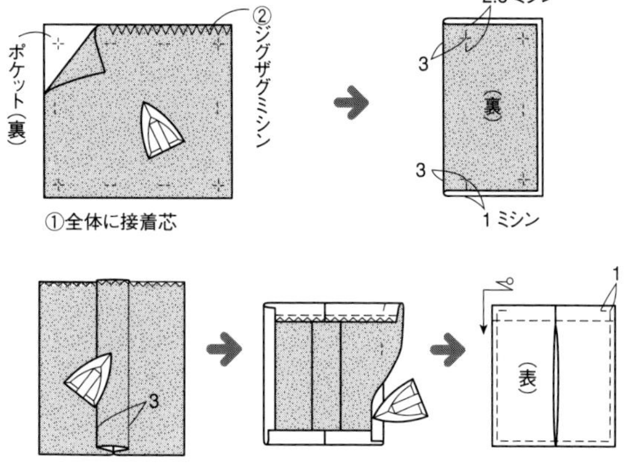

折り目をつける　　印から折る　　矢印のようにつける

2.肩を縫い、表衿をつける

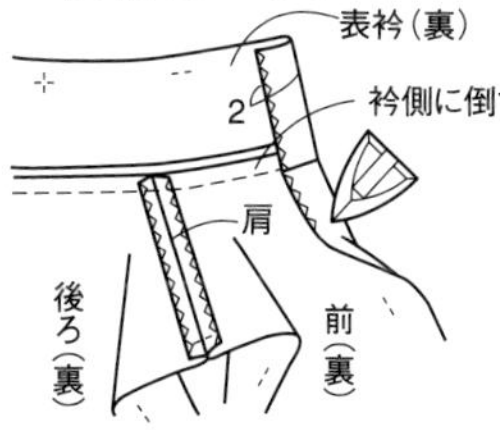

3.見返しに裏衿をつける

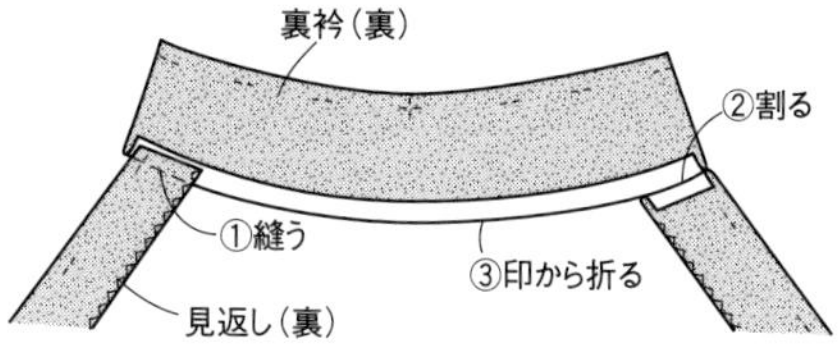

4.ファスナーをつける

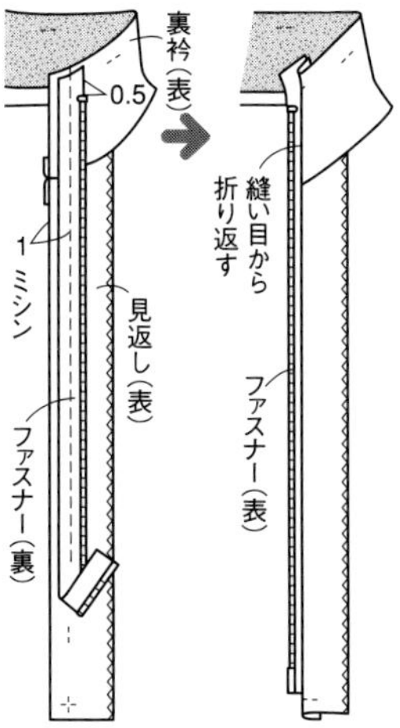

6.身頃に裏衿、見返しをつける

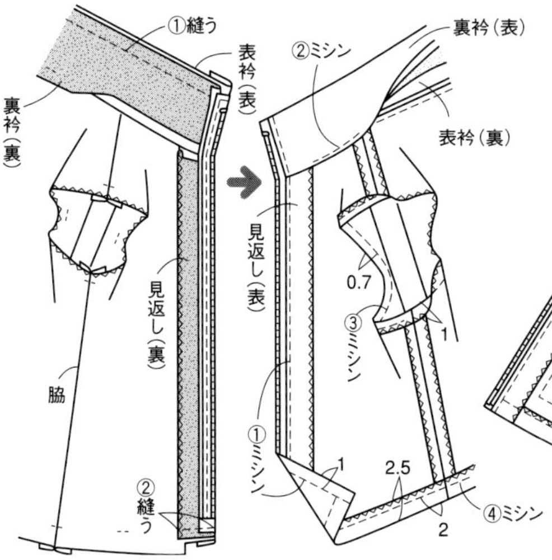

7.袖ぐり、裾を縫う

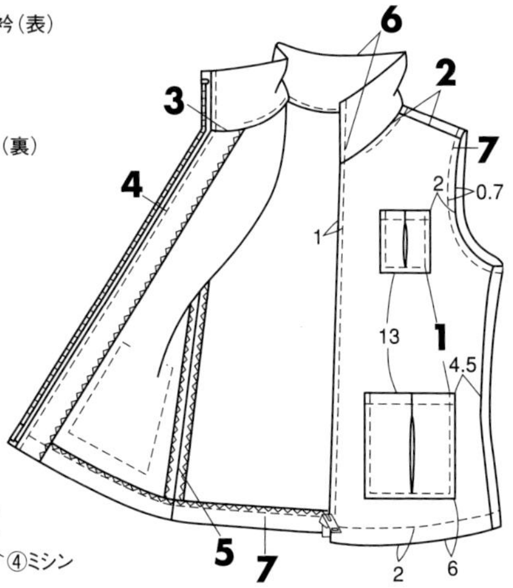

f photo → p.10 胸ダーツのボートネックワンピース

材料

布地…マイクロオックスピーチワッシャー
130cm幅×S・M1.8m/L・LL2.4m
接着テープ…1.1m
コンシールファスナー…56cm長さを1本
かぎホック…小1組
● 実物大型紙（　）／A面

縫い方順序

1. ダーツを縫う
2. 後ろ中心を縫い、コンシールファスナーをつける
3. 衿ぐり、袖ぐりをくるむ
4. 肩、脇を縫う
5. 裾を縫う
6. かぎホックをつける

●裁ち合わせ図

（　）内は縫い代、指定以外は1cm

- 前後中心線、前後脇線を延長し、裾線を引く
- 切り離した型紙は使用後テープなどで貼り合わせ、元に戻しておく
- 背あき縫い代に接着テープ

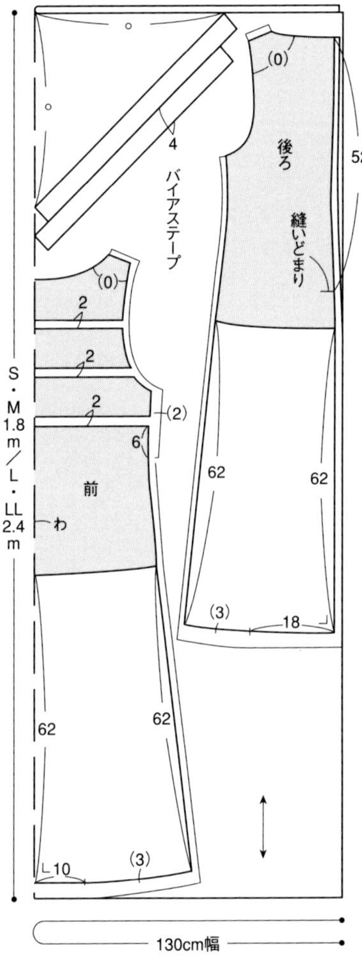

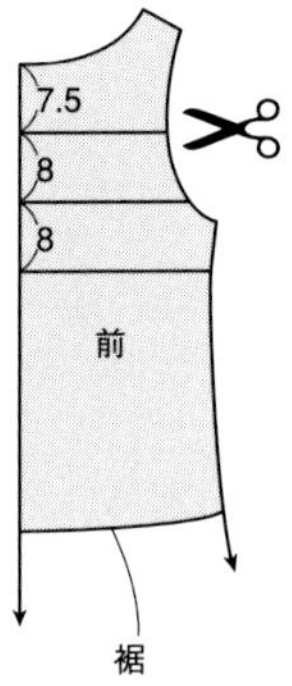

1.ダーツを縫う

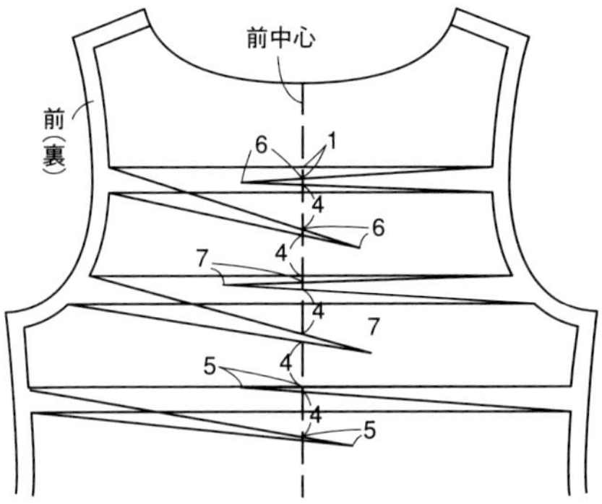

布の裏に印をつける

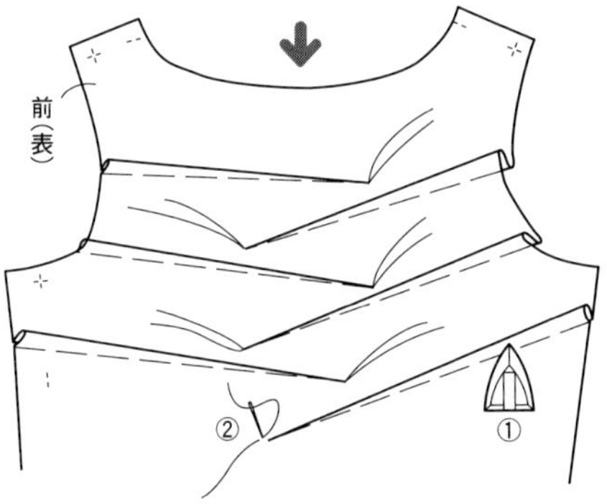

①ダーツを表側につまんで縫い、上に倒す
②先端の糸を針に通して裏側に出す

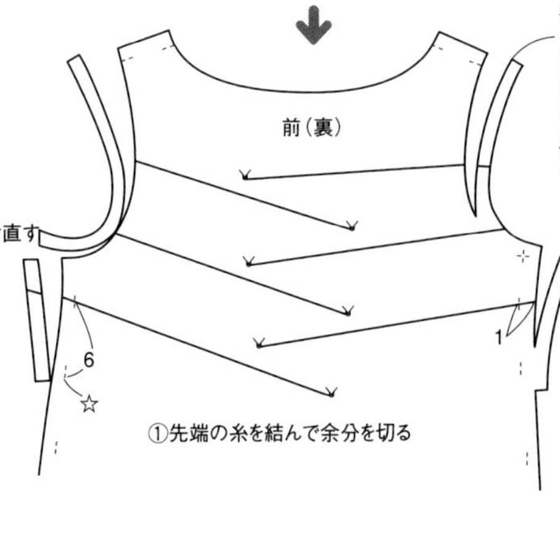

②型紙を当てて袖ぐり脇（☆印まで）の印をつけ直す
③袖ぐりは印から切る
④脇は縫い代を1cmに切る
①先端の糸を結んで余分を切る

2.後ろ中心を縫い、コンシールファスナーをつける

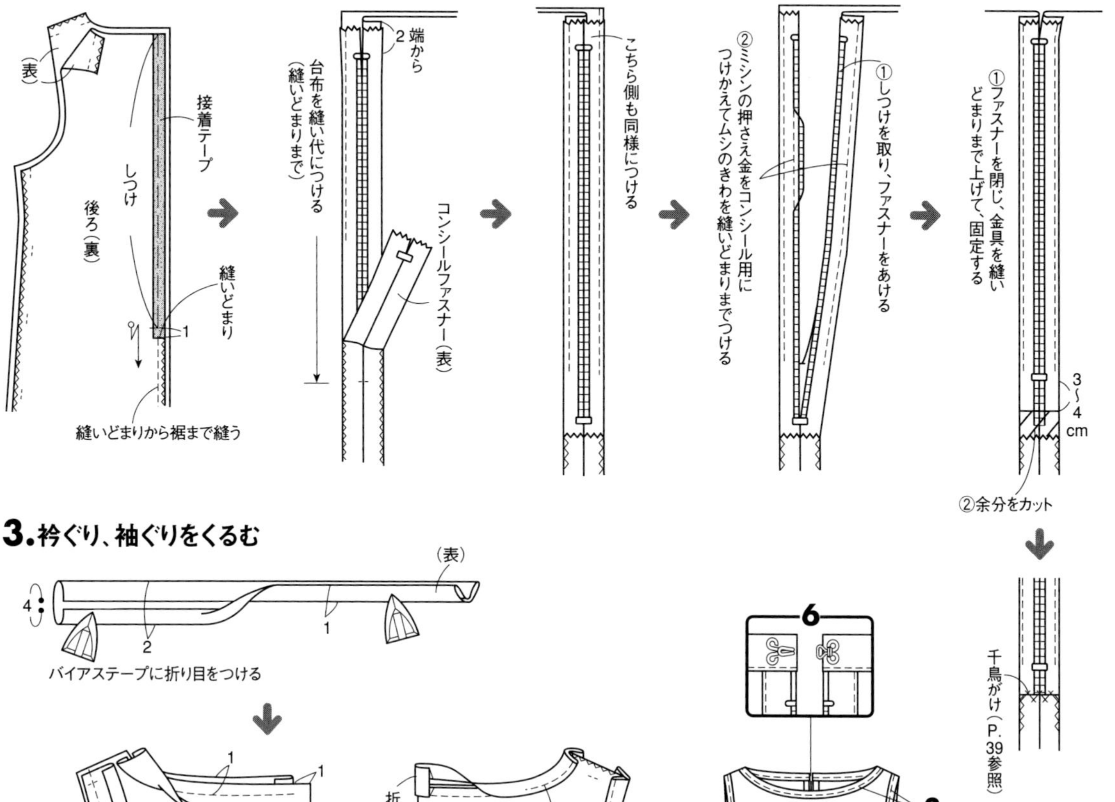

3.衿ぐり、袖ぐりをくるむ

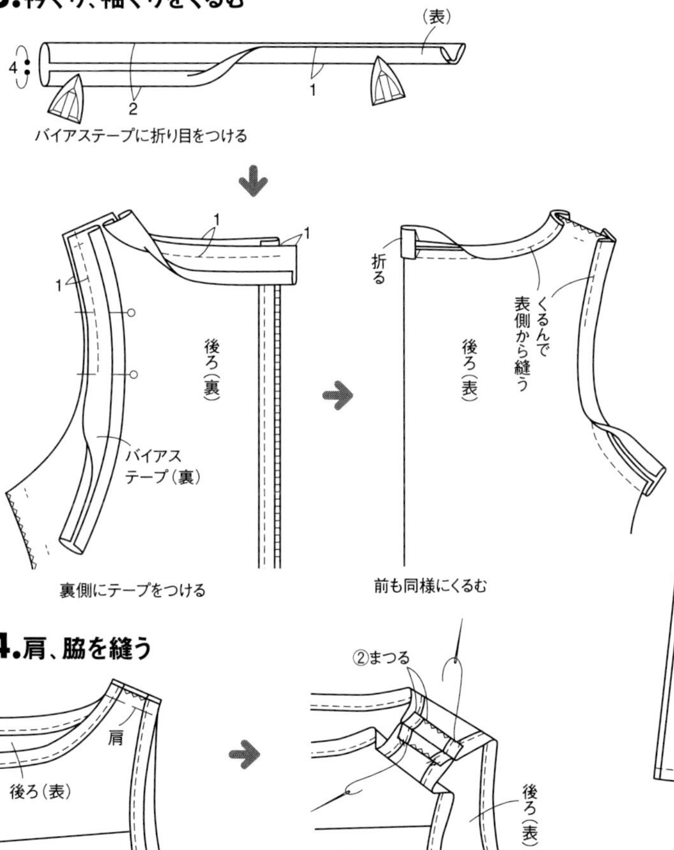

4.肩、脇を縫う

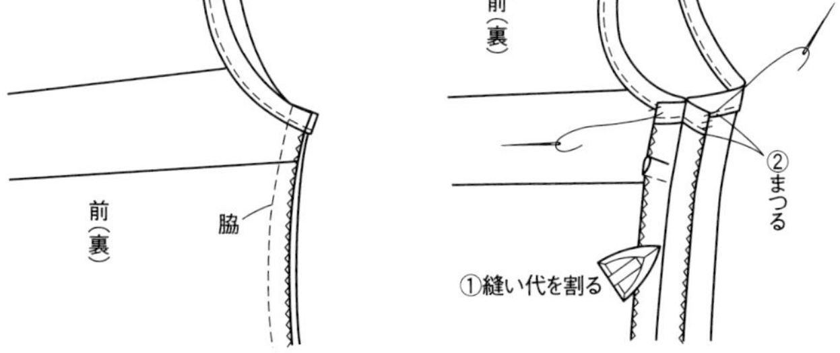

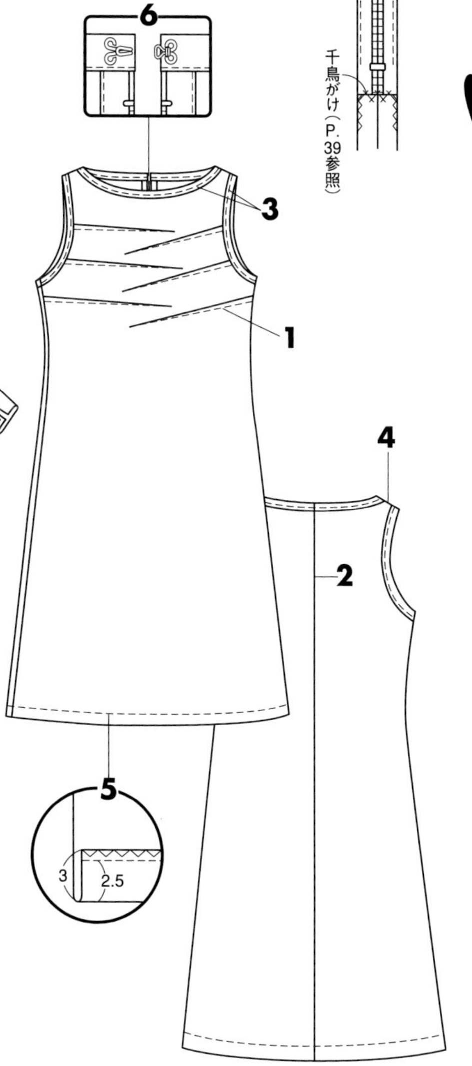

g photo → p.11 シフォンレースの重ね着ベスト

材料
布地…シフォンクリーズレース
122cm幅×1.4m
ボタン…直径2.5cmを3個
● 実物大型紙（　）／A面

コーデュロイのヘンテコベスト photo → p.11 h

材料
布地…シャツコールエンボス調プリント
110cm幅×1.5m
接着芯…2cm×4cmを3枚
ボタン…1.5cm角を3個
● 実物大型紙（　）／A面

縫い方順序
1. 身頃を縫う
2. 裾布を縫って身頃につける
3. ボタンホール・ボタンつけ

型紙にボタン位置の印を入れる

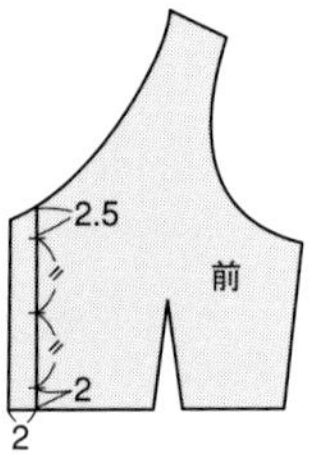

1.身頃を縫う（h）

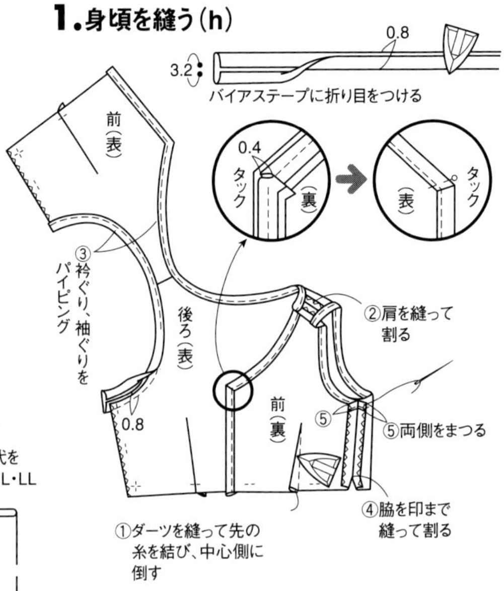

（gの場合）

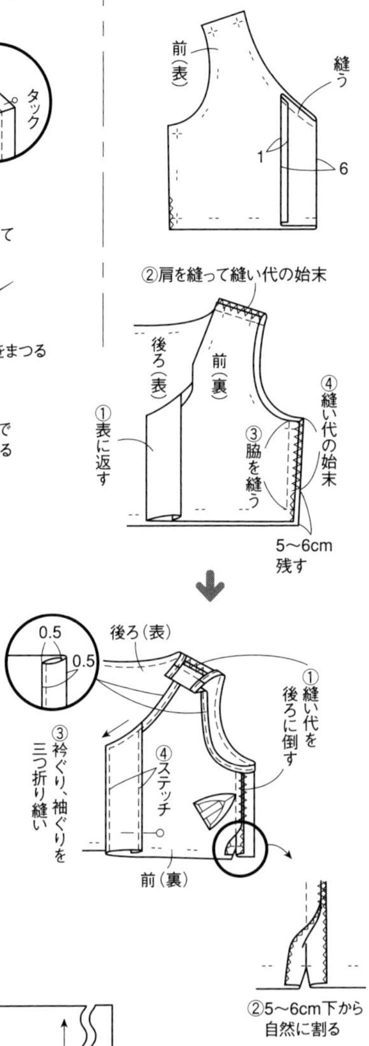

●裁ち合わせ図（h）

（　）内は縫い代、指定以外は1cm

●前裾、後ろ裾は下図の寸法に縫い代をつけて裁つ。数字は上から順にS・M・L・LL

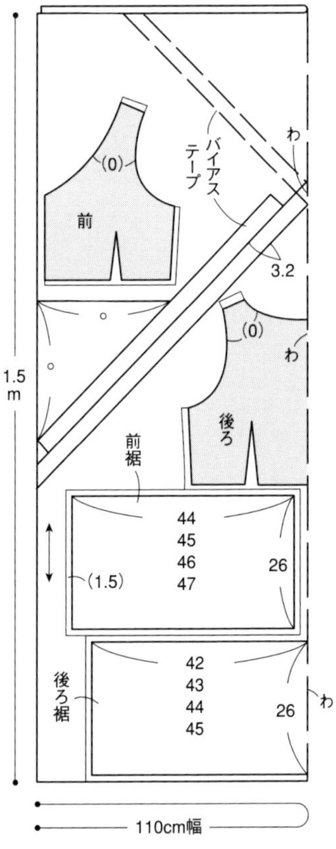

●裁ち合わせ図（g）

（　）内は縫い代、指定以外は1cm

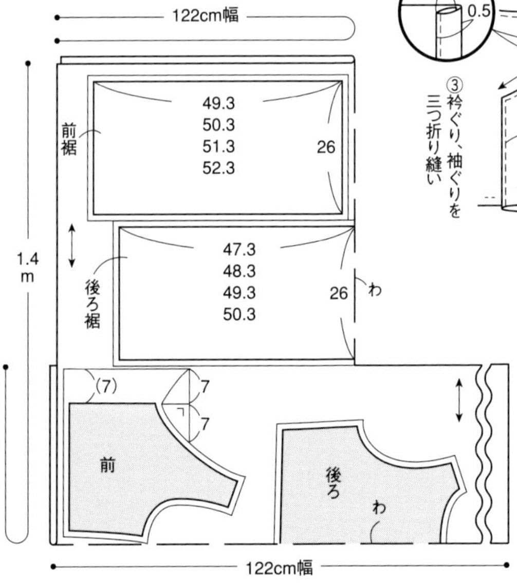

2.裾布を縫って、身頃につける

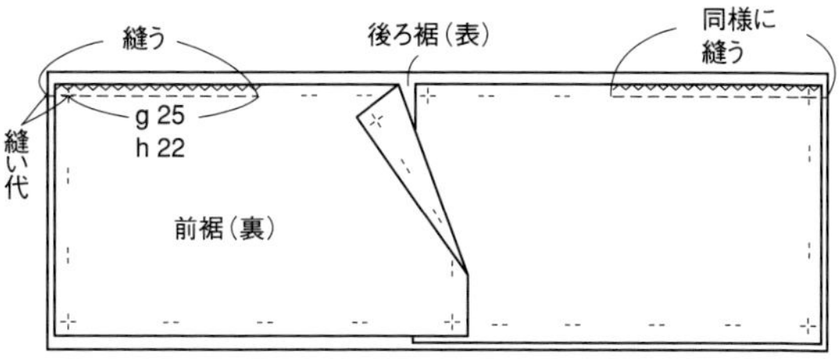

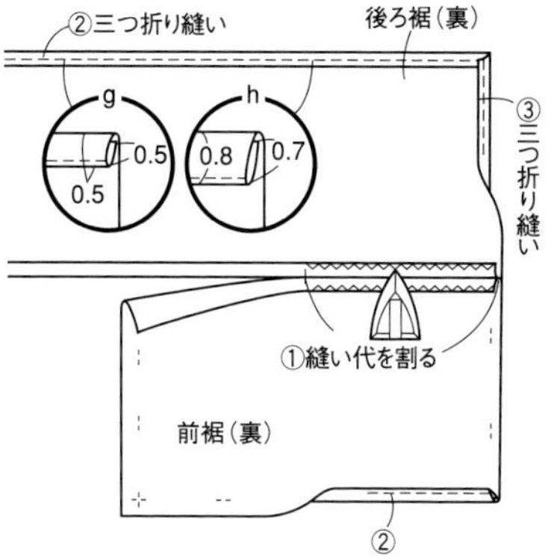

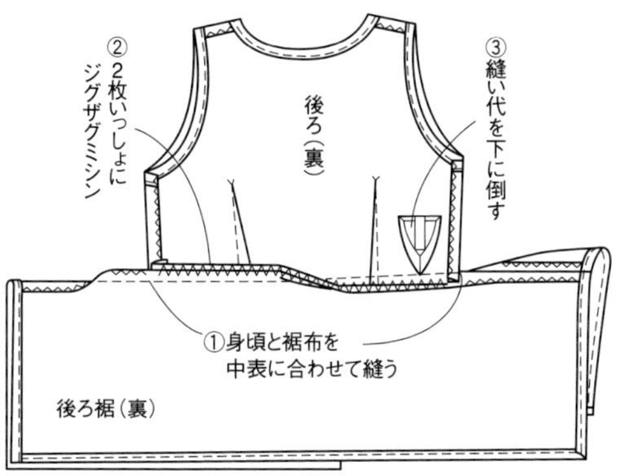

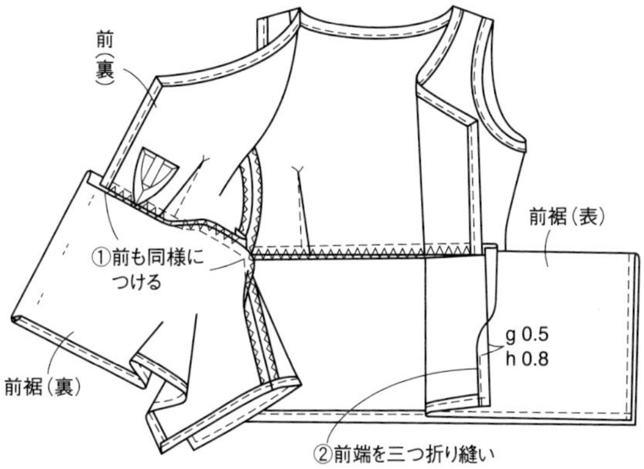

3.ボタンホール・ボタンつけ

ボタンホール位置（裏）に
hのみ接着芯

ボタンホールの長さ＝ボタンの直径＋ボタンの厚さ
（四角ボタンの場合は対角線の長さ＋ボタンの厚さ）

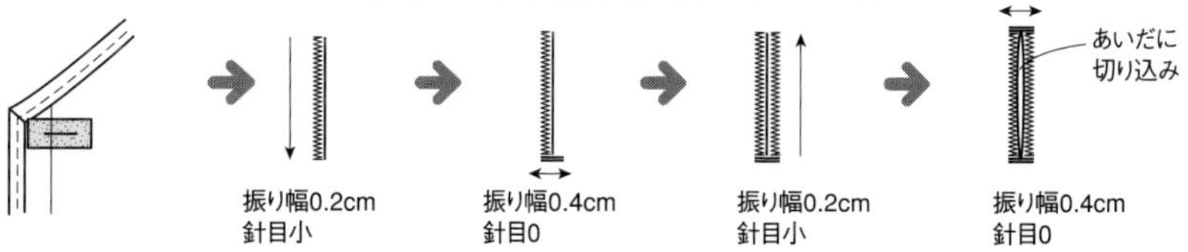

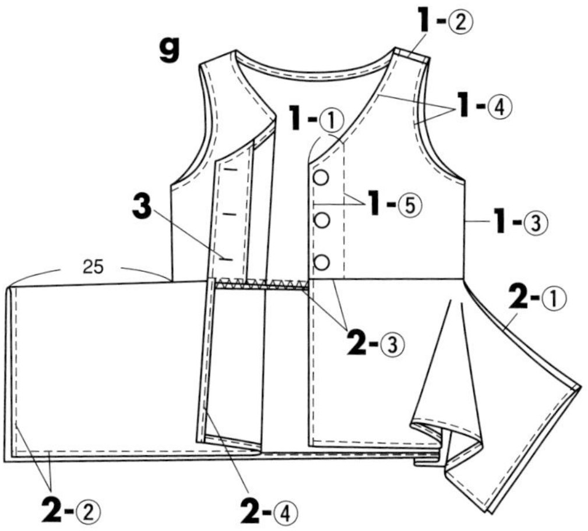

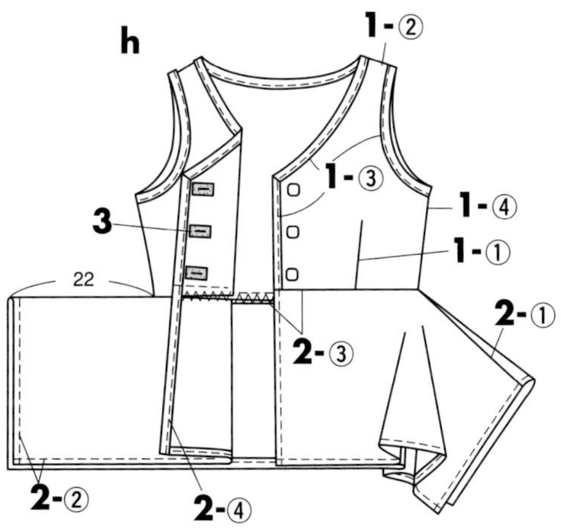

i　タックプリーツの５分袖ワンピース
photo → p.12

j　スクエアネックのジャンパースカート
photo → p.13

材料(i)
布地…ポリエステルストレッチ
　145cm幅×2.6ｍ
接着芯…80cm×20cm

材料(j)
布地…ジャカード145cm幅×2.6ｍ
接着芯…70cm×50cm

（i・j共通）
接着テープ…1.1ｍ　コンシールファスナー…56cm長さを1本　かぎホック…小1組
● 実物大型紙（　）／A面

●裁ち合わせ図（i·j）
（　）内は縫い代、指定以外は1cm

●前35cm、後ろ36cm、布の折り目から平行に離して型紙を置く
●前後見返しに接着芯

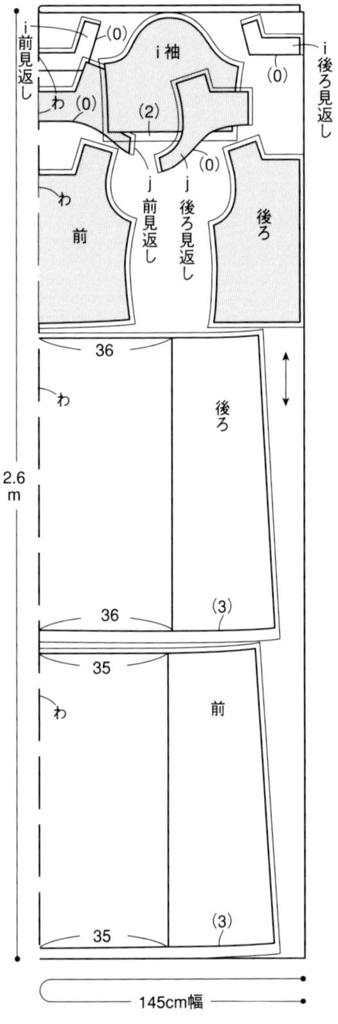

身頃の型紙から見返し（iのみ）
スカート（i·j共通）の型紙をつくる

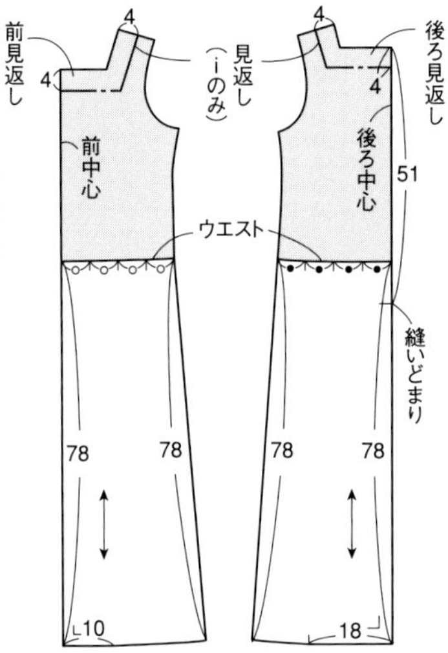

前後中心、脇線を延長して
スカートの型紙を作る

前後それぞれウエストを
4等分した寸法を測って
メモしておく

○＝　　cm
●＝　　cm

1.スカートをつくる

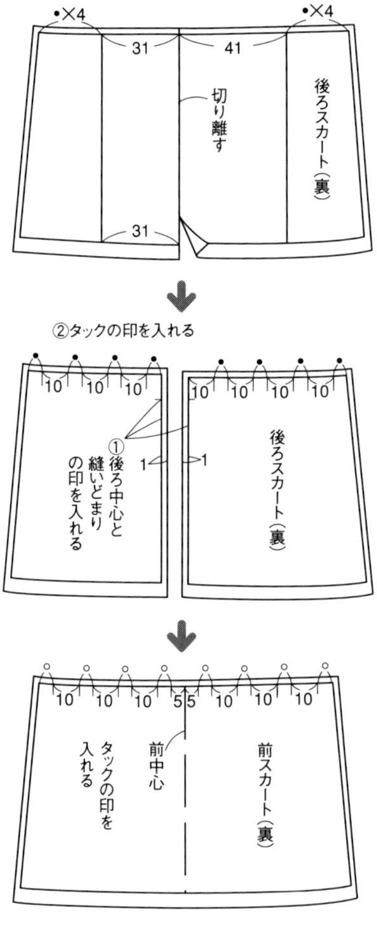

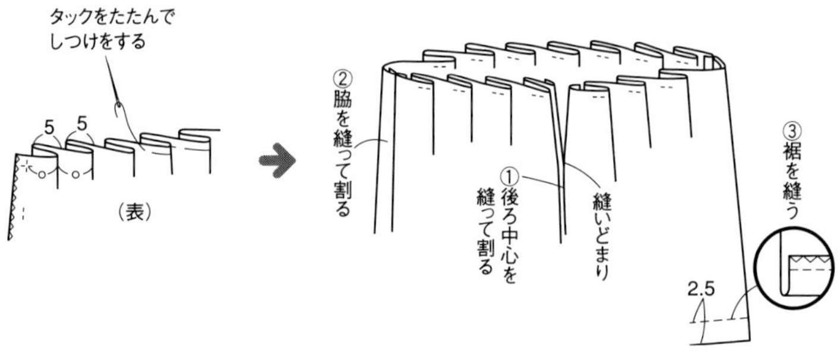

縫い方順序(i)

1. スカートをつくる
2. 肩、脇を縫い、袖をつくってつける
3. ウエストを縫って、ファスナーをつける(p.43参照)
4. 衿ぐりに見返しをつける
5. かぎホックをつける

縫い方順序(j)

1. スカートをつくる
2. 見返しをつけ、肩、脇を縫う
3. ウエストを縫って、ファスナーをつける(p.43参照)
4. 見返しの始末
5. かぎホックをつける

2.見返しをつけ、肩、脇を縫う(j)

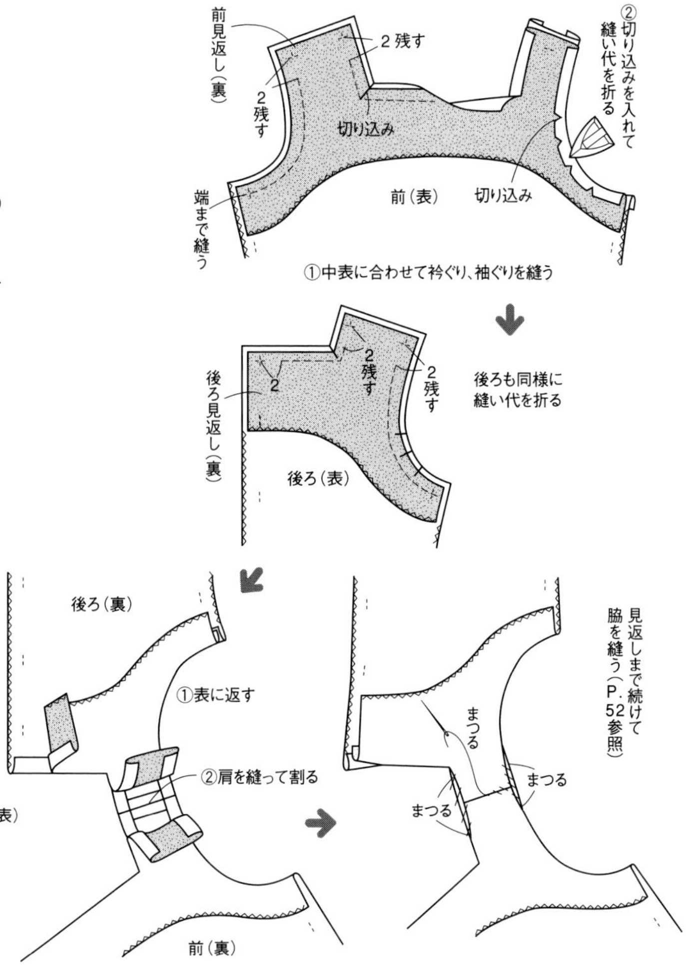

4.衿ぐりに見返しをつける(i)

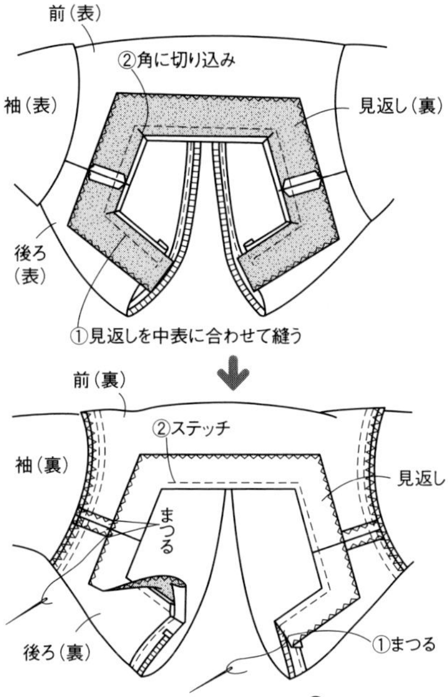

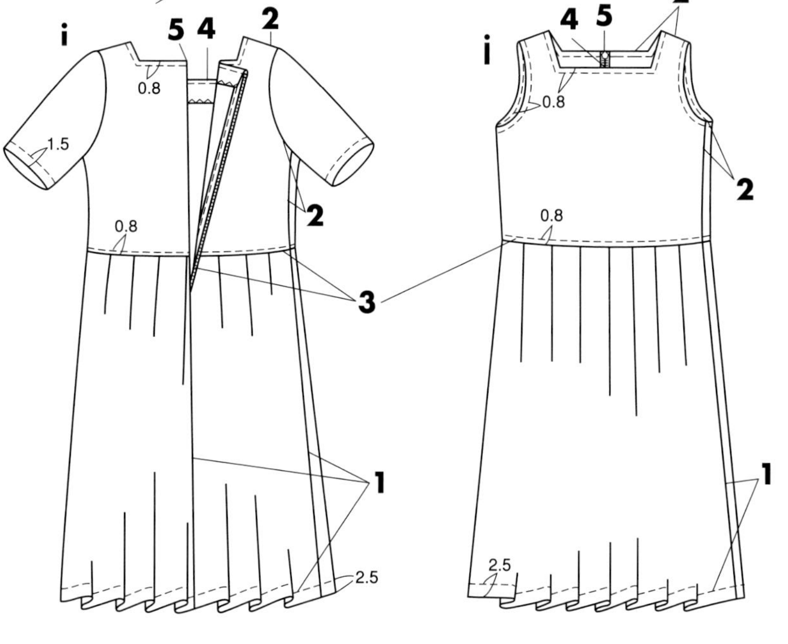

4.見返しの始末(j)

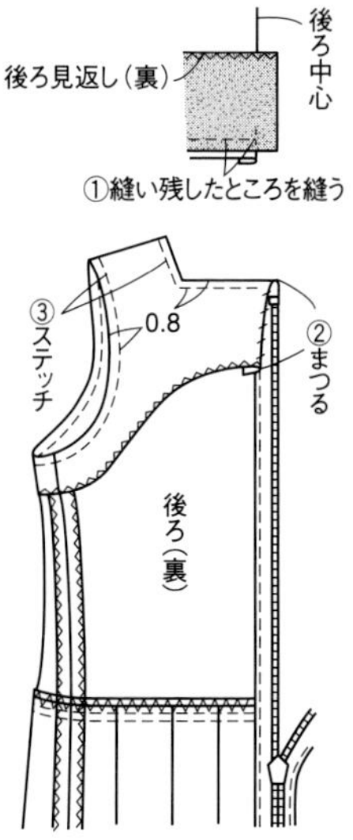

k　photo → p.14　ハイネックの七分袖シャツ

材料

布地…ボイルロッキーパル104㎝幅×1.4ｍ

接着芯…60㎝×60㎝

ボタン…直径1.2㎝を6個

● 実物大型紙（　）／B面

縫い方順序

1. 前後のダーツを縫う
2. 前端の始末
3. ヨークをつける
4. 衿をつける
5. 袖をつける
6. 袖下、脇を縫う
7. 袖口の始末
8. 裾を縫う
9. ボタンホール・ボタンつけ（p.45参照）

●裁ち合わせ図（k）

（　）内は縫い代、指定以外は1㎝

●ヨークは肩をつき合わせる

●右前立て、左前端、裏ヨーク、裏衿、裏袖口に接着芯

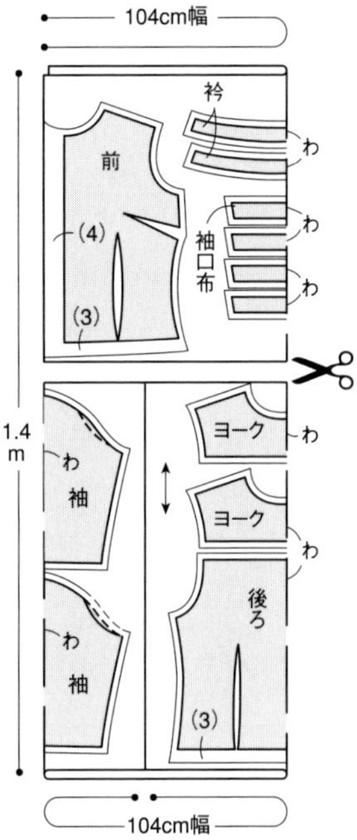

●裁ち合わせ図（l）

（　）内は縫い代、指定以外は1㎝

●右前立て、左前端、裏衿に接着芯

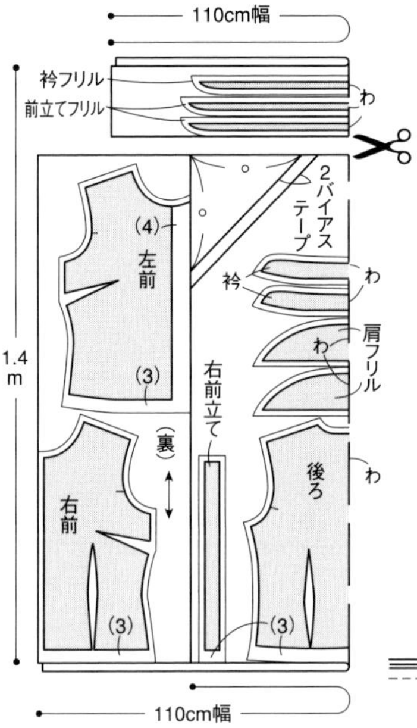

2.前端の始末

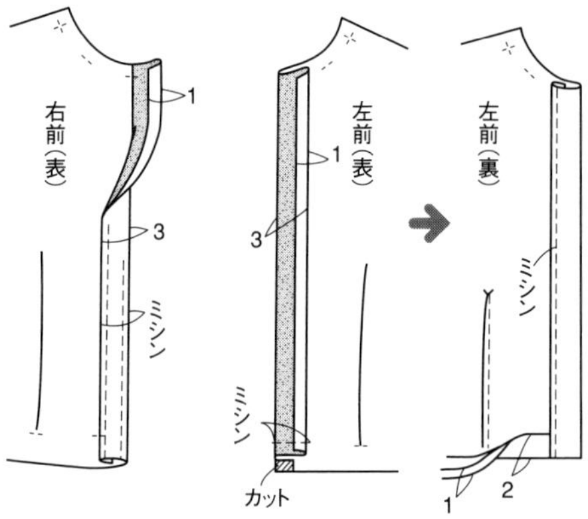

3.ヨークをつける

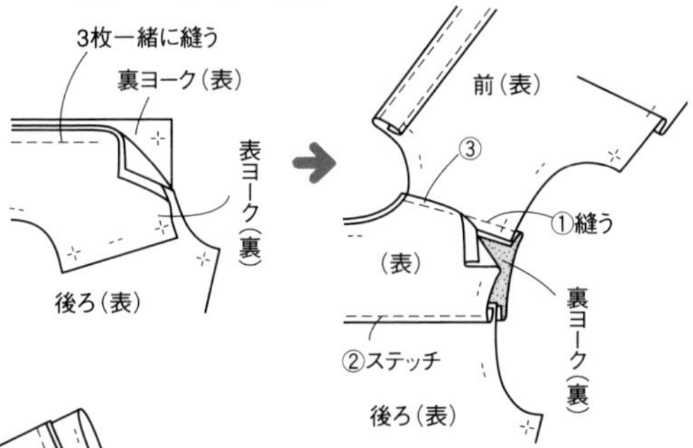

5.袖をつける

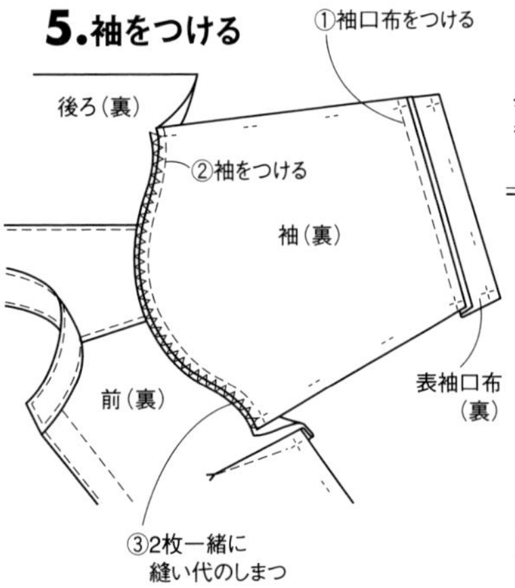

6.袖下、脇を縫う

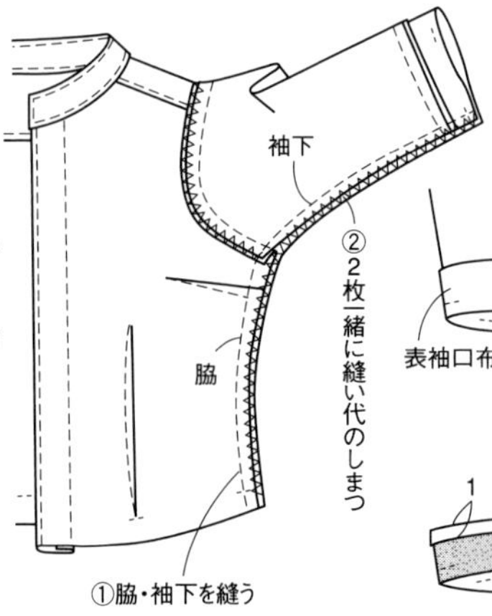

7.袖口の始末

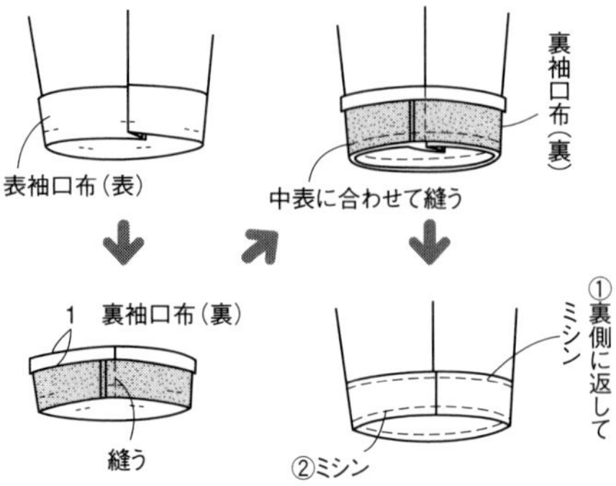

l　photo → p.15　フリルの墨黒シャツ

材料

布地…先染ドビーパナマストライプ
110cm幅×1.4ｍ

接着芯…60cm×30cm

ボタン…直径1.4cmを6個

● 実物大型紙（　　）／B面

縫い方順序

1. 前後のダーツを縫う

2. フリルをつくる

3. 前端の始末

4. 肩を縫う

5. 衿をつける

6. 脇を縫う

7. 袖ぐりにフリルをつける

8. 裾を縫う

9. ボタンホール・ボタンつけ
（p.45参照）

2.フリルをつくる

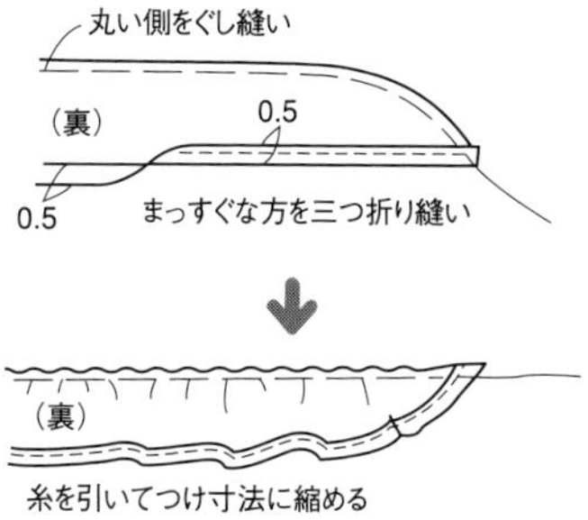

3.前端の始末

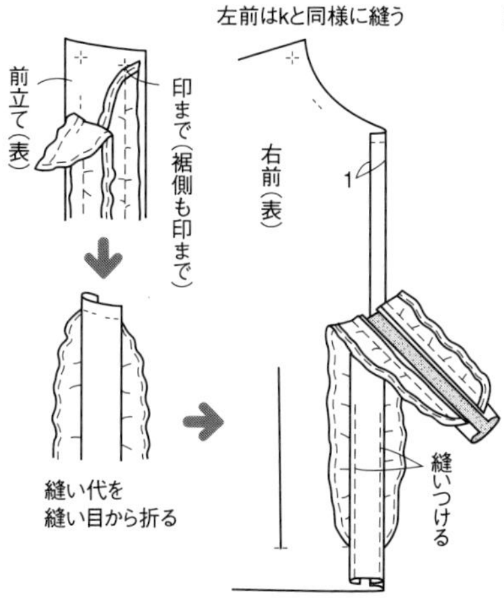

5.衿をつける

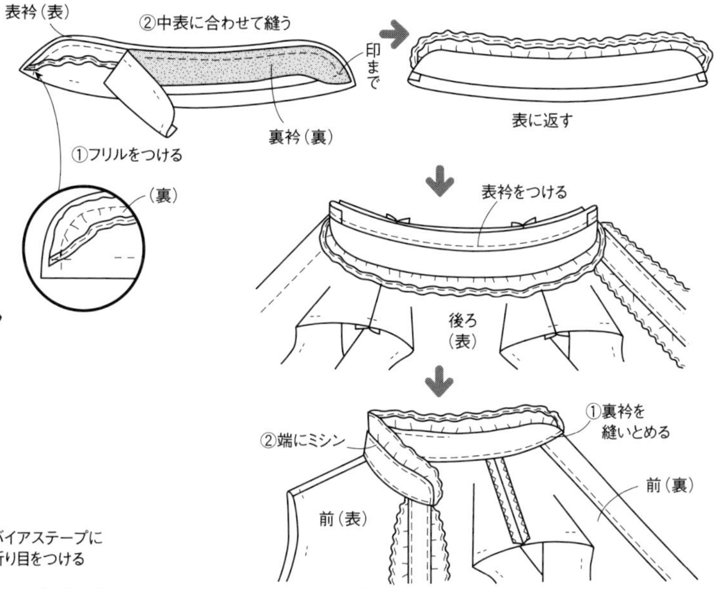

7.袖ぐりにフリルをつける

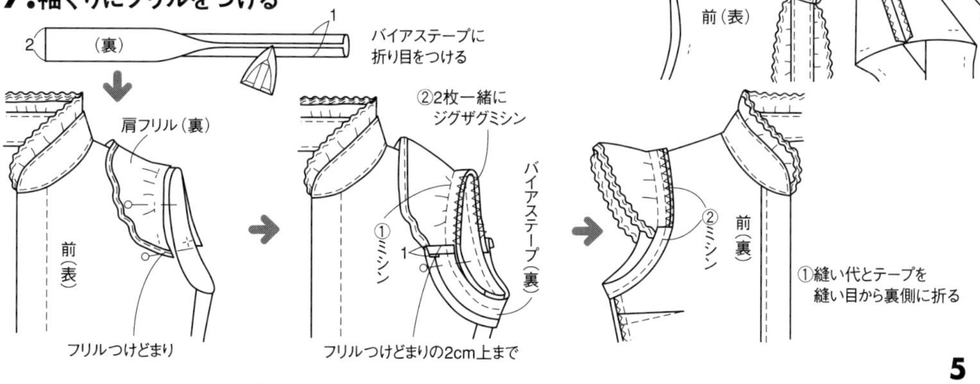

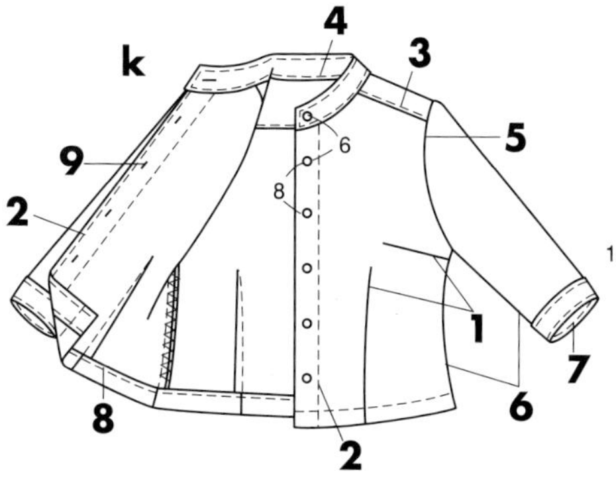

8.裾を縫う

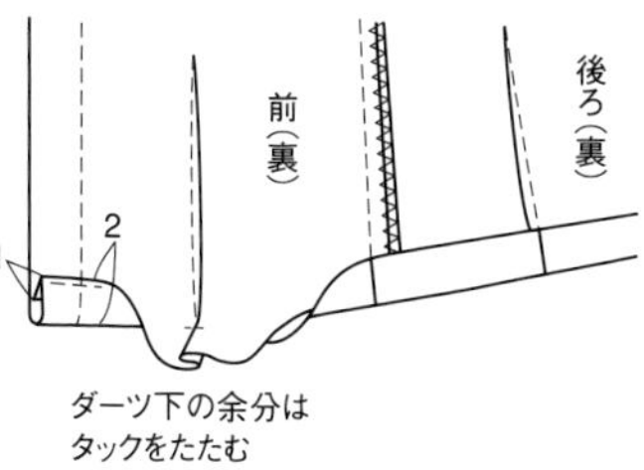

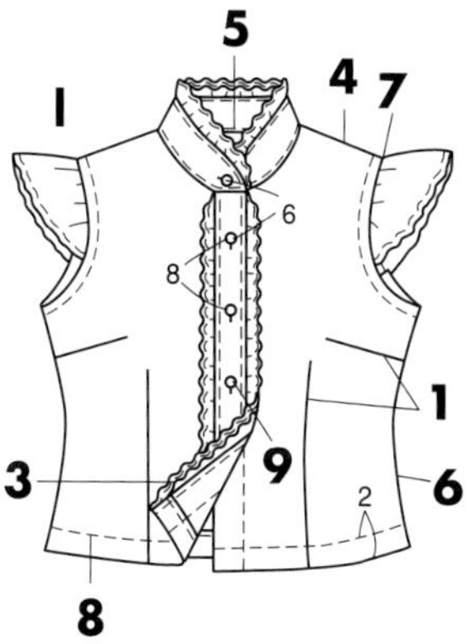

m photo → p.16 サッカーの台衿つきシャツ

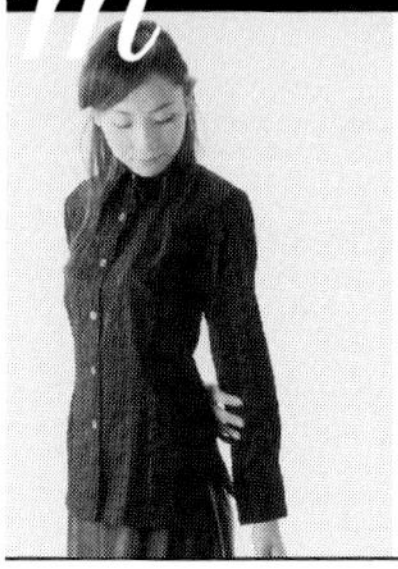

材料

布地…ドビーサッカーストレッチ150cm幅×1.8ｍ
接着芯…70cm×70cm
ボタン…直径1.3cmを12個

● 実物大型紙（　）／B面

縫い方順序

1. 前切り替え、後ろダーツを縫う
2. 前立てをつける
3. 肩を縫って衿をつける
4. 脇を縫う
5. 袖口あきをつくる
6. 袖下を縫ってカフスをつける
7. 袖をつける
8. 裾を縫う
9. ボタンホール・ボタンつけ（p.45参照）

●裁ち合わせ図（m）

（　）内は縫い代、指定以外は1cm

- 前脇は胸ダーツをつき合わせる
- 前立て、表衿、表台衿、表カフスに接着芯

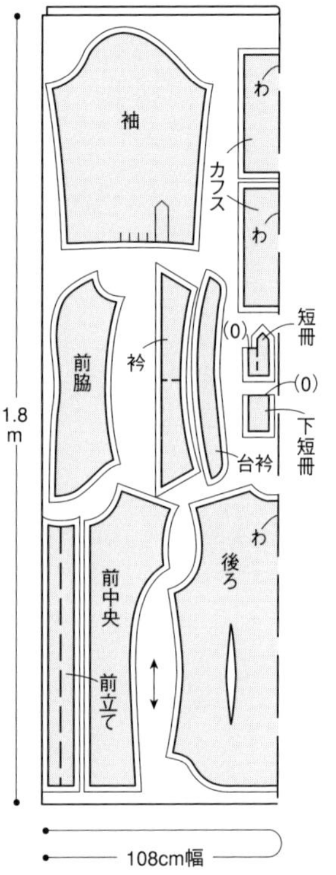

2. 前立てをつける

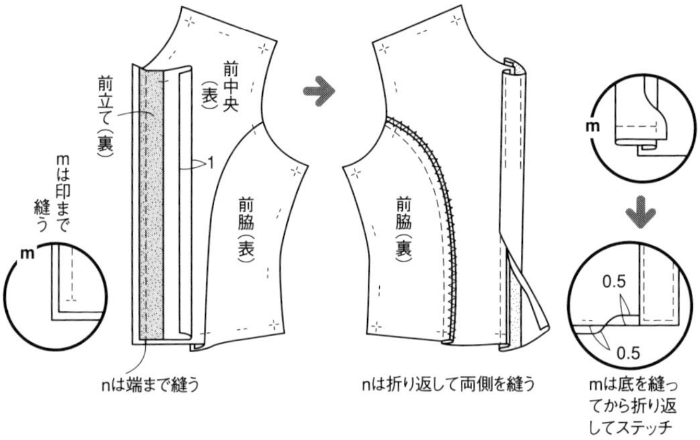

3. 肩を縫って衿をつける

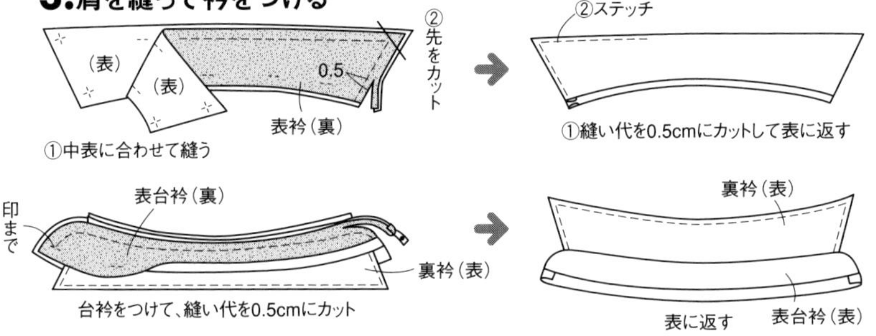

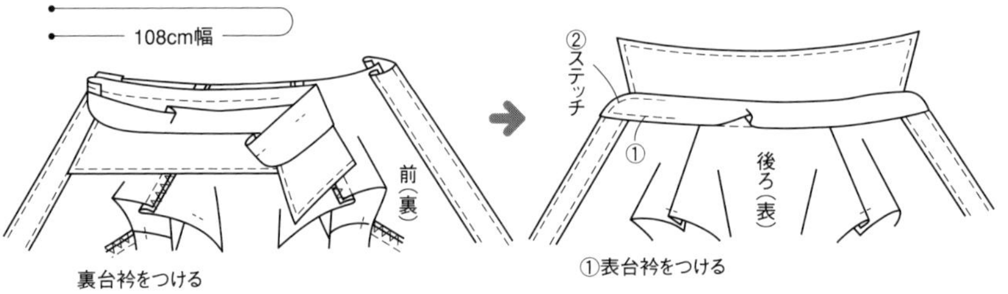

5. 袖口あきをつくる

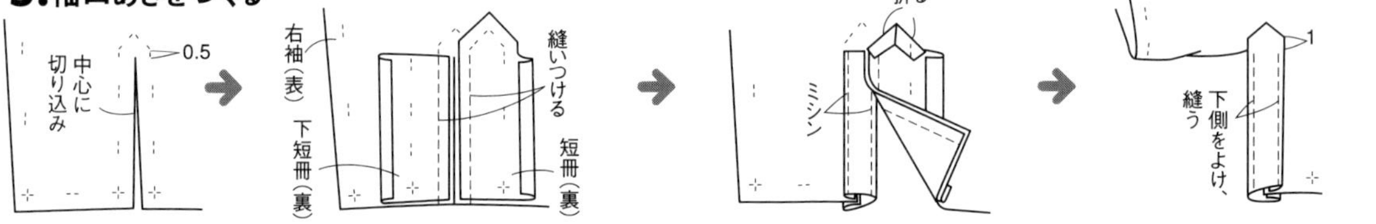

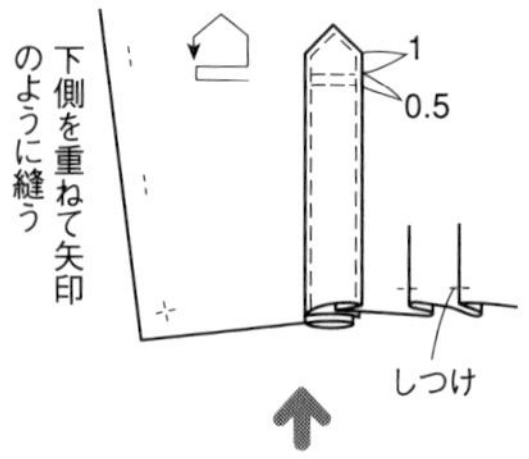

n photo → p.17　水玉ジャカードのワンピース

材料

布地…水玉ジャカード
142㎝幅×2.4ｍ
接着芯…70㎝×60㎝
ボタン…直径2㎝を5個、
直径1.5㎝を6個
● 実物大型紙(　)／B面

縫い方順序

1. ウエストより上はｍ(1～7)と同様に縫う
2. ダーツを縫い、ポケットをつける
3. 脇を縫う
4. 裾を縫う
5. ウエストを縫う
6. ボタンホール・ボタンつけ(p.45参照)

●裁ち合わせ図(n)

(　)内は縫い代、指定以外は1㎝

- 前脇は胸ダーツをつき合わせる
- 前立て、表衿、表台衿、表カフスに接着芯

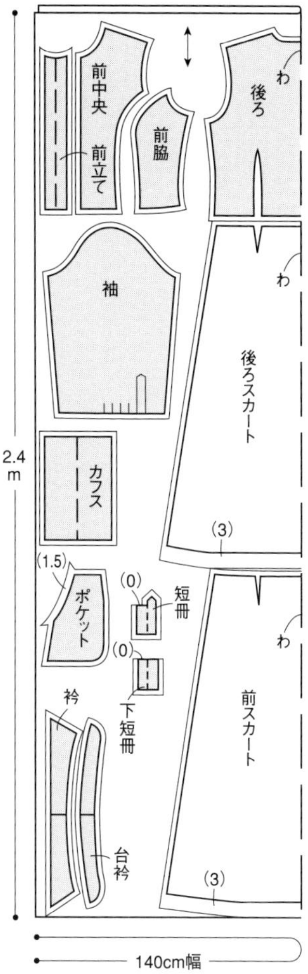

身頃の型紙からスカートの型紙をつくる

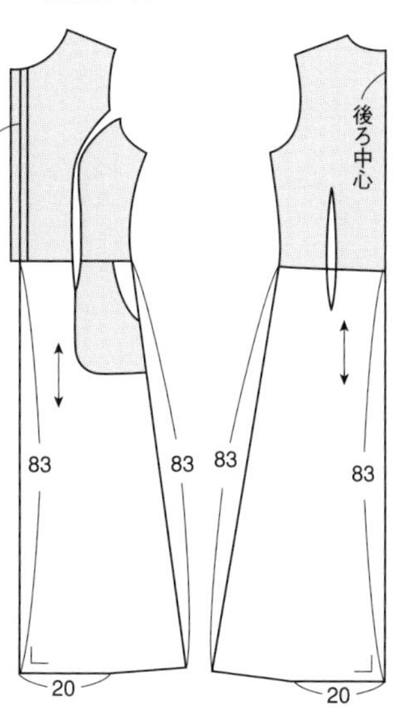

6. カフスをつける

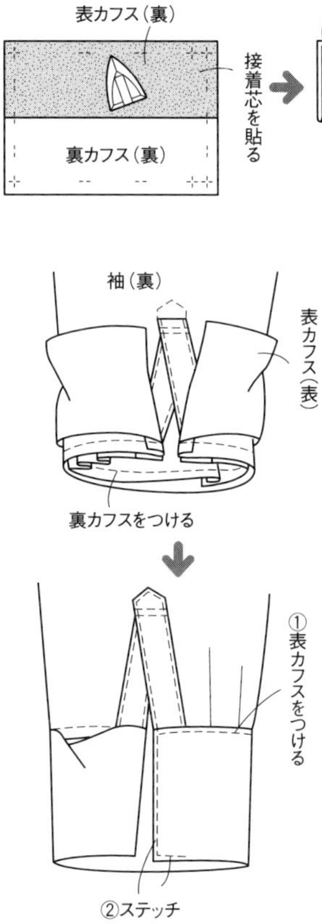

2. ポケットをつける(n)

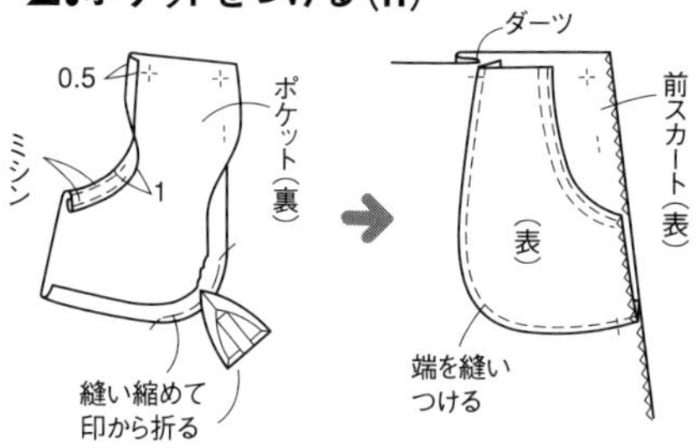

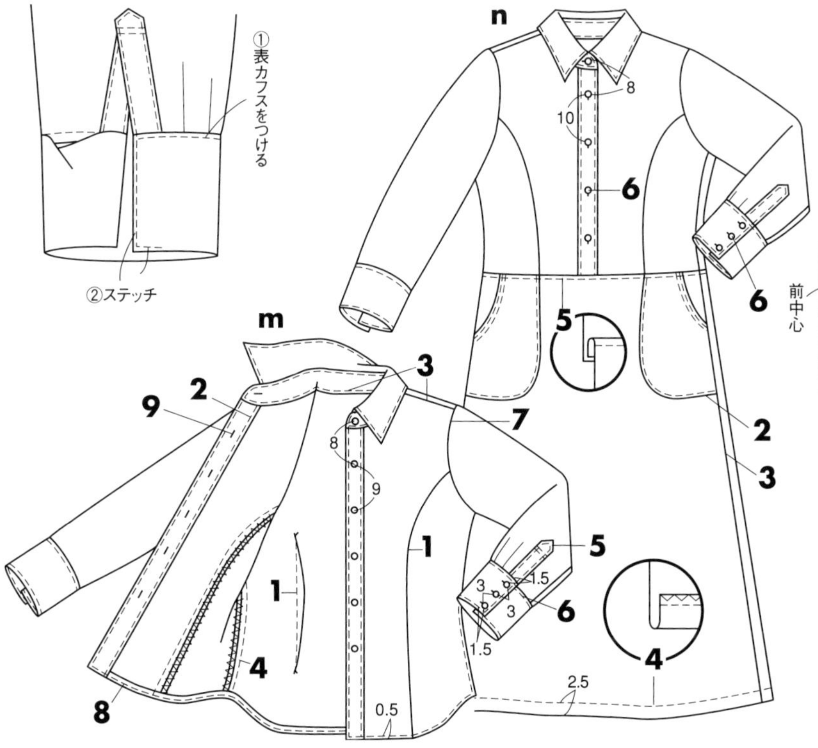

O photo → p.18 Vあきのミディ丈ワンピース

材料

布地…シャンブレーヘリンボン
145cm幅×1.3m
接着芯…80cm×40cm
コンシールファスナー…56cm長さを1本
かぎホック…小1組
● 実物大型紙(　)／B面

縫い方順序

1. 前後のダーツを縫う
2. 後ろ中心を縫いどまりまで縫い、ファスナーをつける（p.43参照）
3. 肩を縫い、見返しをつける
4. 脇を縫う
5. 裾を縫う
6. かぎホックをつける

実物大型紙から
見返しの型紙をつくる

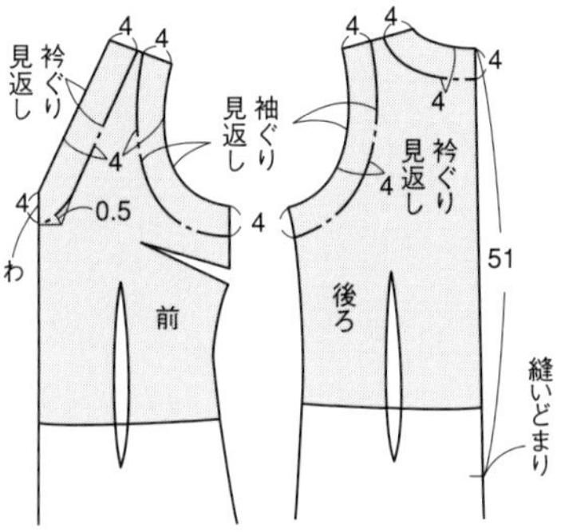

●裁ち合わせ図

(　)内は縫い代、指定以外は1cm

- 前後中心線、前後脇線を延長し、裾線を引く
- 衿ぐり・袖ぐり見返しに接着芯

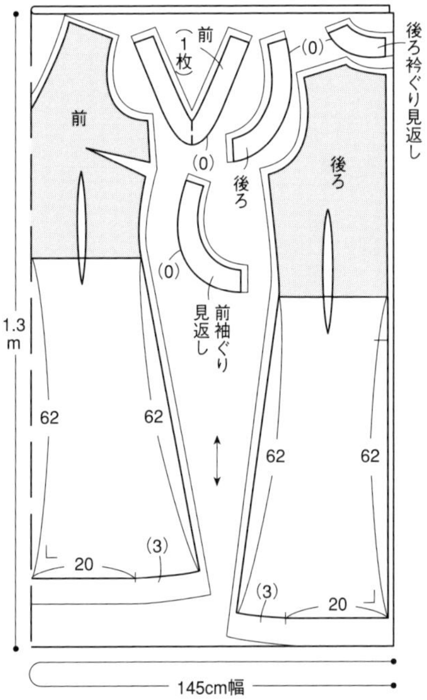

1. 前後のダーツを縫う

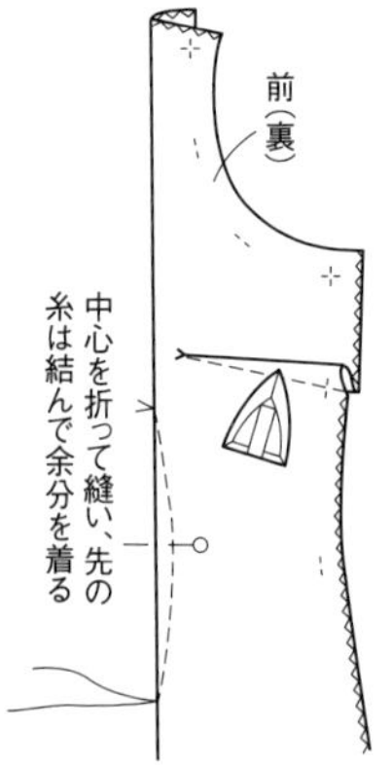

後ろも同様に縫う

4. 脇を縫う

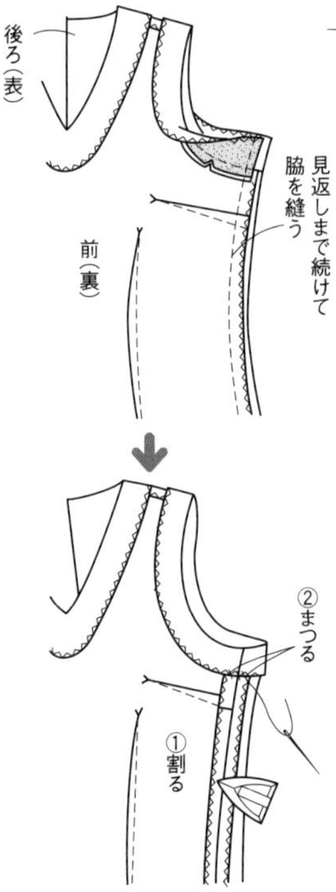

3. 肩を縫い、見返しをつける

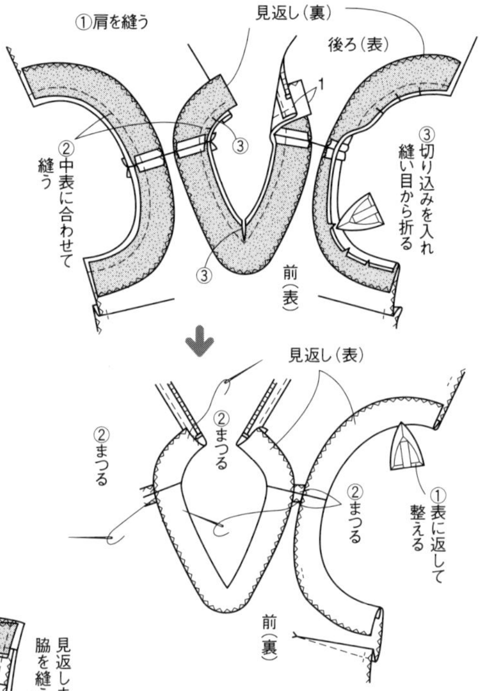

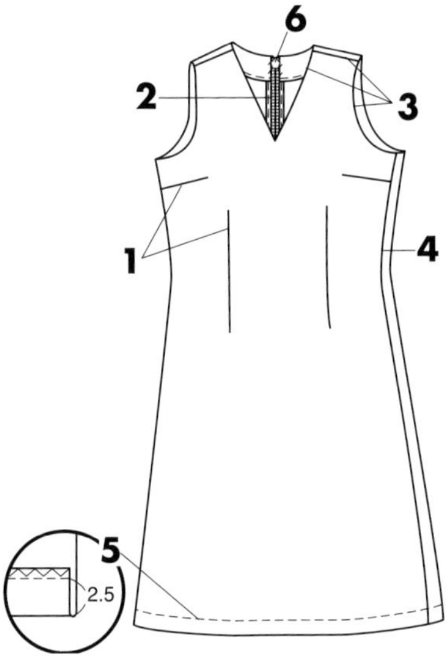

p photo → p.19 へちまカラーのギャザーワンピース

材料

布地…ドビーチェックキャッチワッシャー
90cm幅×3m
接着芯…80cm×60cm
接着テープ…1.1m
レース…0.8cm幅を2.8m
コンシールファスナー…56cm長さを1本
かぎホック…小1組
● 実物大型紙（　）／B面

縫い方順序

1. 胸ダーツを縫う
2. 肩を縫う
3. 袖ぐり見返しをつけて脇を縫う（p.52参照）
4. スカートの脇を縫い、ギャザーを寄せて身頃につける
5. 後ろ中心を縫いどまりまで縫い、ファスナーをつける（p.43参照）
6. 衿をつける
7. 裾を縫い、裾、袖ぐりにレースをつける
8. かぎホックをつける

●裁ち合わせ図

（　）内は縫い代、
指定以外は1cm

- ●前・後スカートは図の寸法に縫い代をつけて裁つ。数字は上から順に S・M・L・LL
- ●表衿、衿ぐり・袖ぐり見返し、背あき縫い代に接着芯

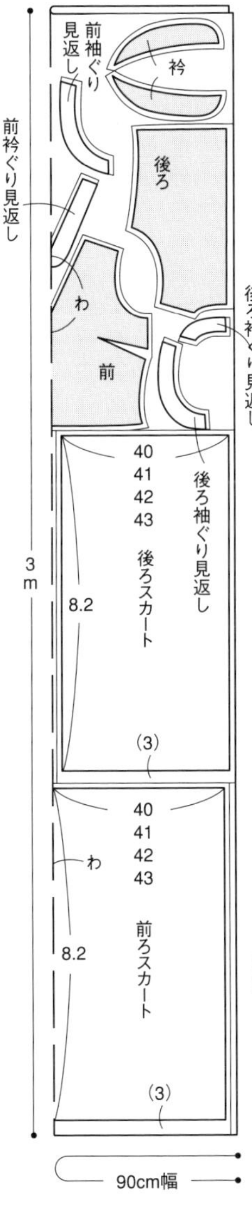

実物大型紙から
見返しの型紙をつくる

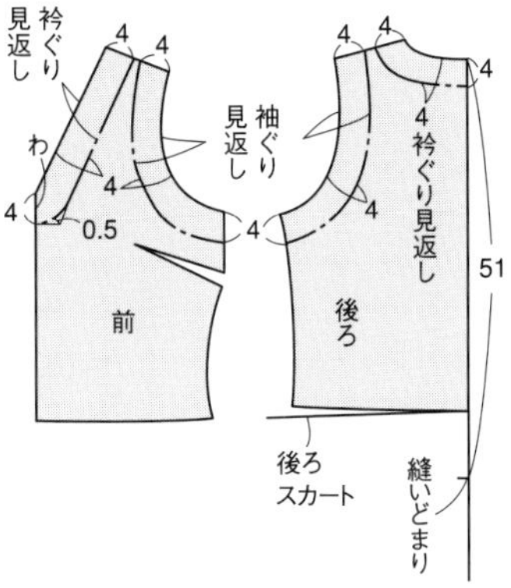

6.衿をつける

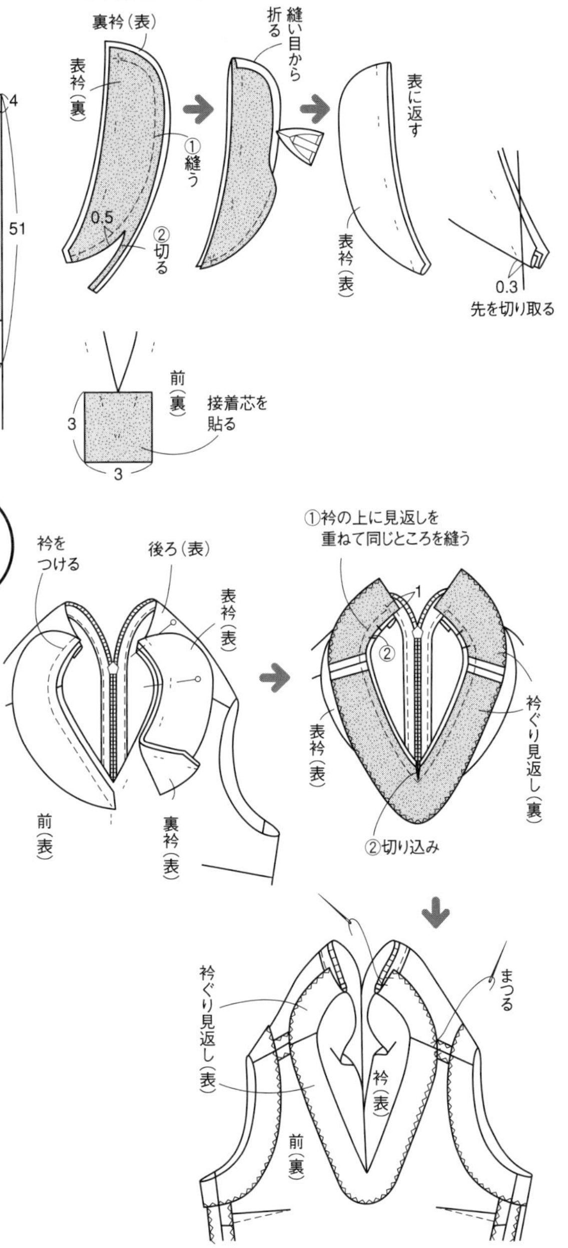

q photo → p.20 切りっぱなしのテーラードジャケット

材料

布地…テンセル/麻キャンバス138cm幅×2m

接着芯…90cm×80cm

ボタン…直径2cmを3個、直径1.5cmを2個

● 実物大型紙（　　）／B面

縫い方順序

1. 後ろ中心、前後切り替えを縫う
2. ポケットをつける
3. 肩を縫い、衿をつける
4. 脇を縫い、裾の始末
5. 袖をつくってつける
6. ボタンホール・ボタンつけ（p.45参照）

●裁ち合わせ図（q）

（　）内は縫い代、指定以外は1cm

●前脇は胸ダーツをつき合わせる

●表衿、見返し、表フラップに接着芯

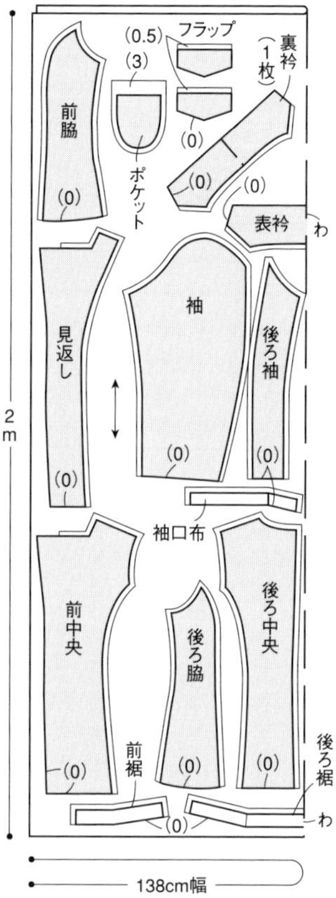

前中央・前脇の型紙から
前裾の型紙をつくる

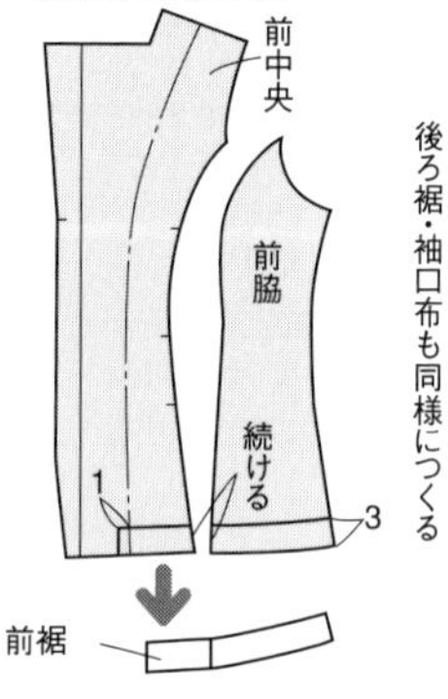

1.後ろ中心、前後切り替えを縫う（q）

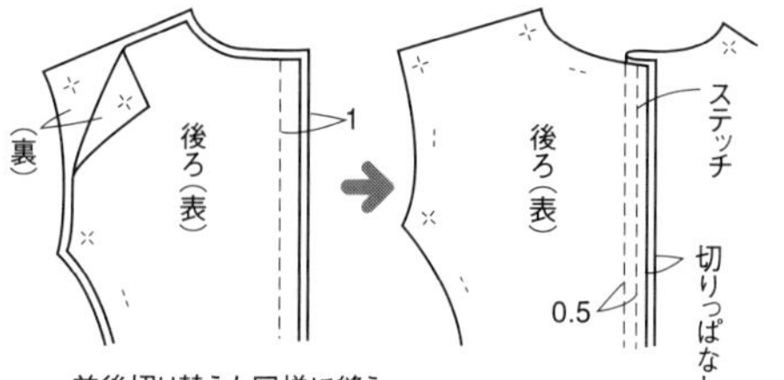

前後切り替えも同様に縫う

3.肩を縫い、衿をつける（q）

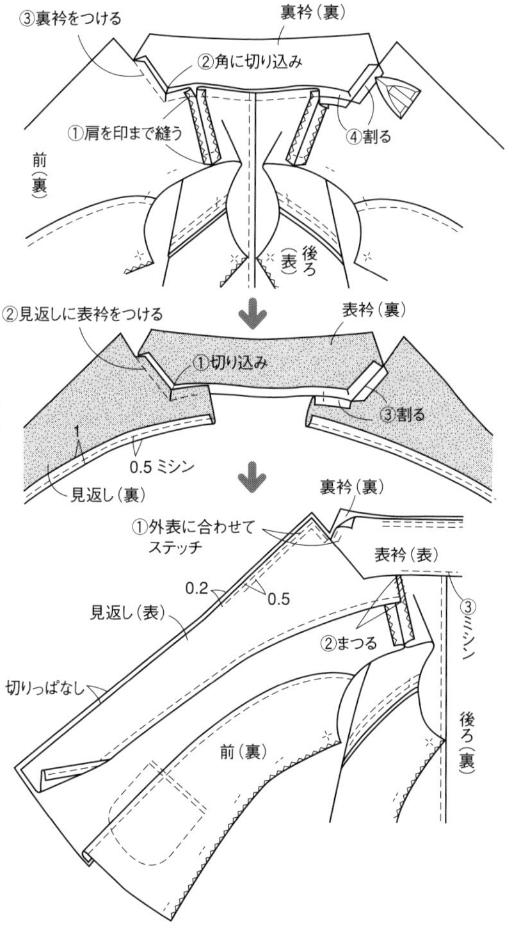

2.ポケットをつける

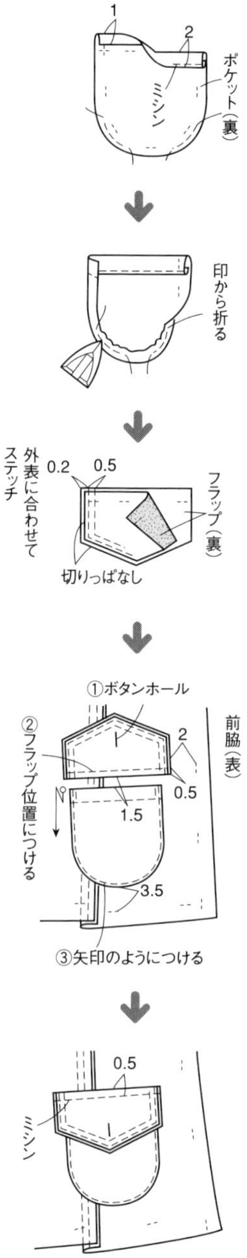

54

r photo → p.21 ツイードの丸衿ジャケット

材料

布地…ミックスツイード
147cm幅×1.7m
裏地…ベンベルグ
122cm幅×1.4m
接着芯…90cm×70cm
ボタン…直径2.6cmを2個
● 実物大型紙（　　）／B面

縫い方順序

1. 後ろ中心、前後切り替えを縫う
2. 肩を縫い、衿をつける（p.54参照）
3. 衿外回りを縫い、見返しをつける
4. 脇を縫い、裾を縫う
5. 袖をつくってつける
6. ボタンホール・ボタンつけ（p.45参照）
7. 裏身頃をつくってつける（p.39参照）

4. 脇を縫い、裾の始末（q）

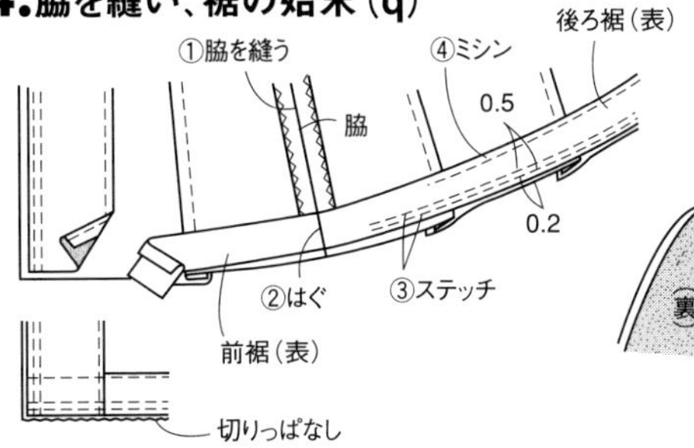

5. 袖をつくってつける（q）

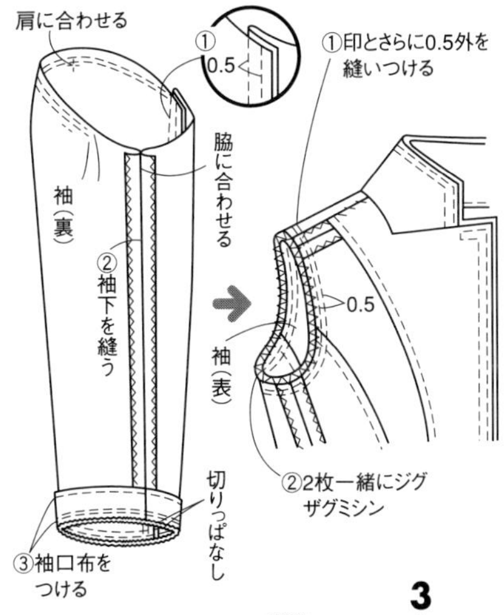

3. 衿外回りを縫い、見返しをつける（r）

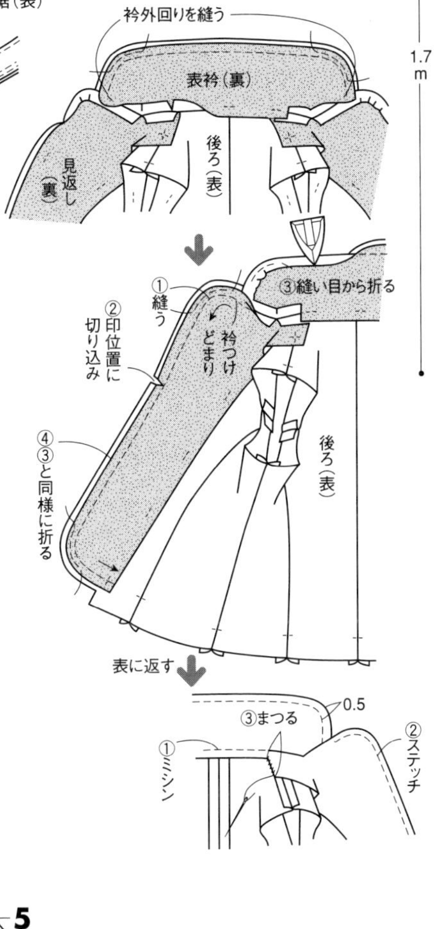

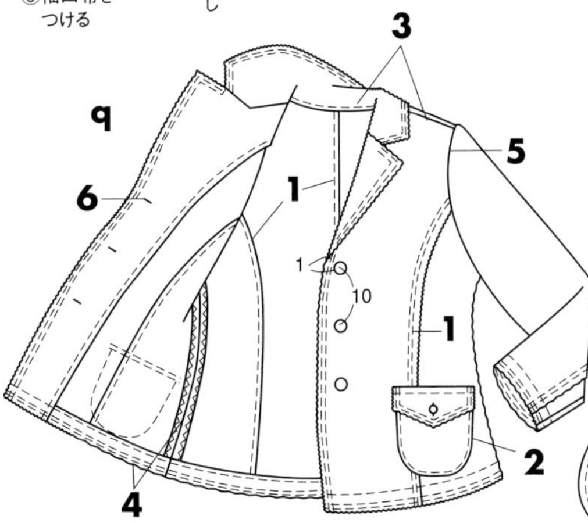

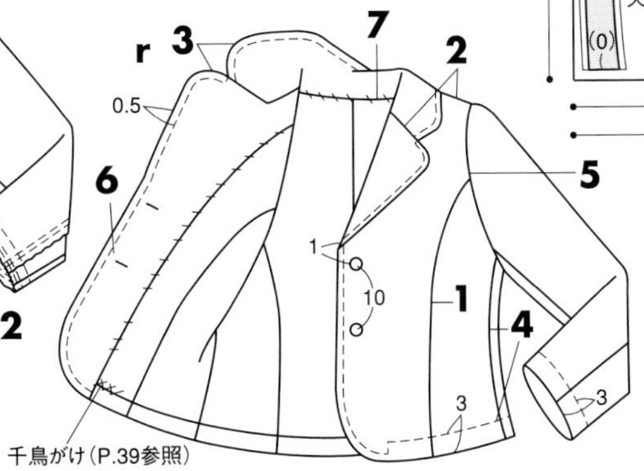

●裁ち合わせ図（r）

（　）内は縫い代、指定以外は1cm

- 前脇は胸ダーツをつき合わせる
- 表衿、見返し、袖口と裾の縫い代に接着芯

［ツイード］

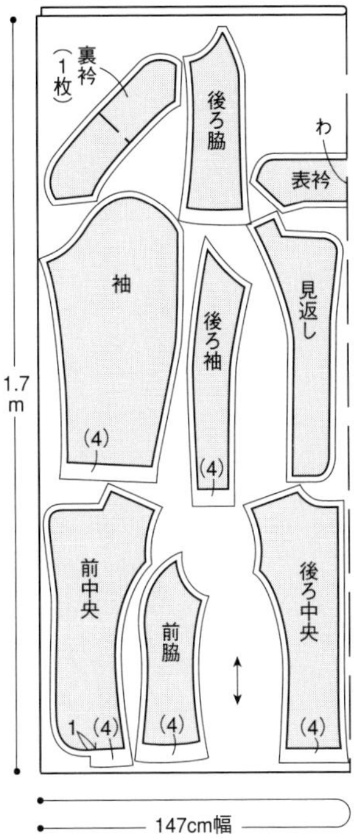

［裏地］

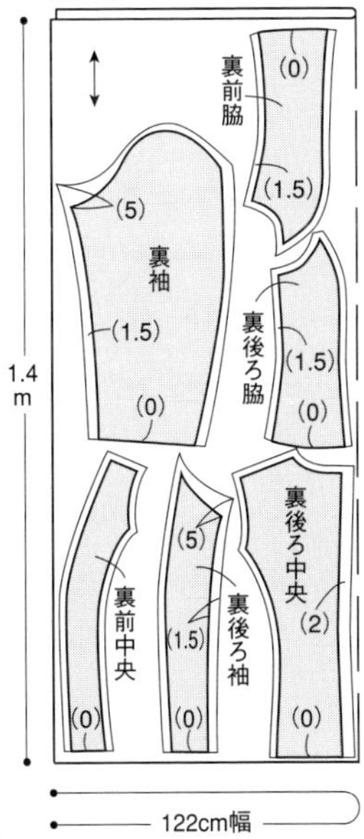

ステッチスカートのワンピース

材料

布地…ストレッチコーデュロイ

125cm幅×1.2 m

ストレッチベロア

146cm幅×S・M0.8 m／L・LL1.1 m

接着テープ…1.1 m

コンシールファスナー…56cm長さを1本

● 実物大型紙（　）／B面

縫い方順序

1. 前切り替え、後ろダーツ、肩を縫う

2. 袖ぐり見返しをつけて脇を縫う（p.52参照）

3. スカートをはぎ合わせ、後ろ中心は縫いどまりまで縫って裾を縫う

4. ウエストを縫う

5. ファスナーをつけ（p.43参照）、見返しをつける（p.47参照）

6. かぎホックをつける

7. ベルトをつくる

●裁ち合わせ図

（　）内は縫い代、指定以外は1cm

●ベルトは下図の寸法で1枚ずつ裁つ

●背あき縫い代に接着テープ

［コーデュロイ］

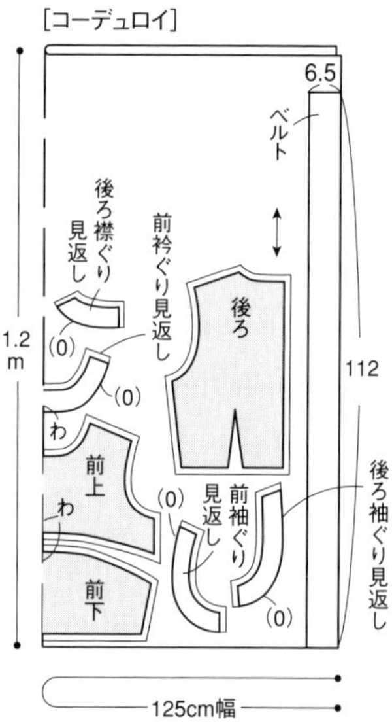

［ベロア］

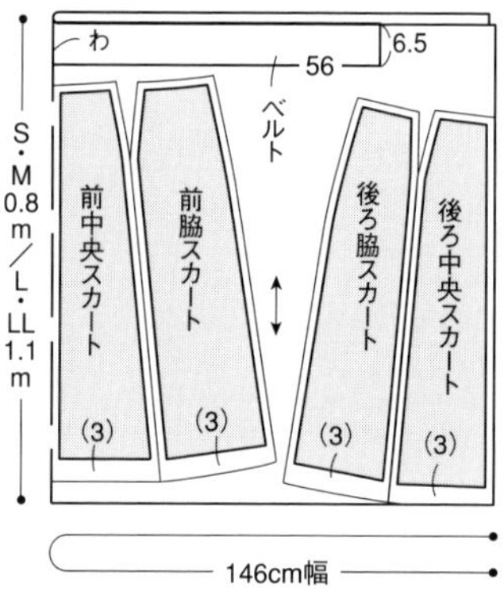

身頃の型紙から見返しの型紙をつくる

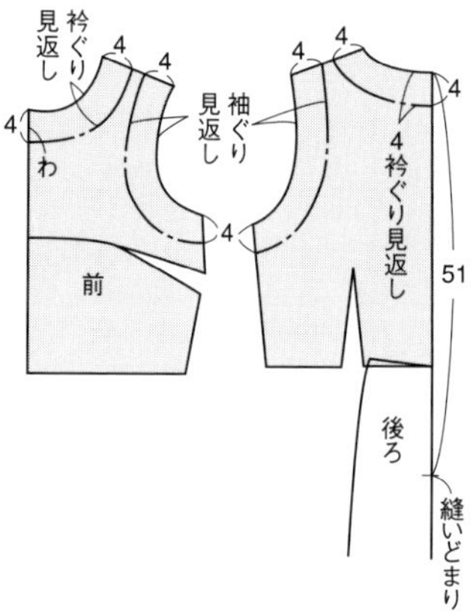

7.ベルトをつくる

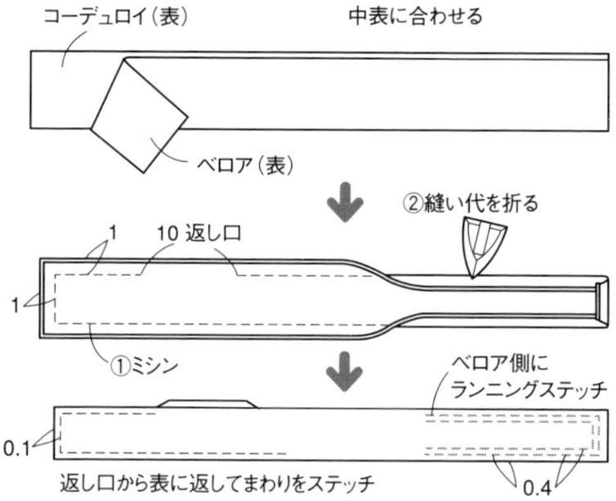

◎ランニングステッチ

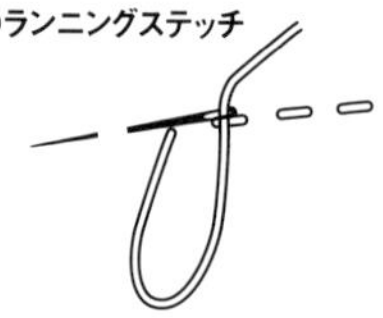

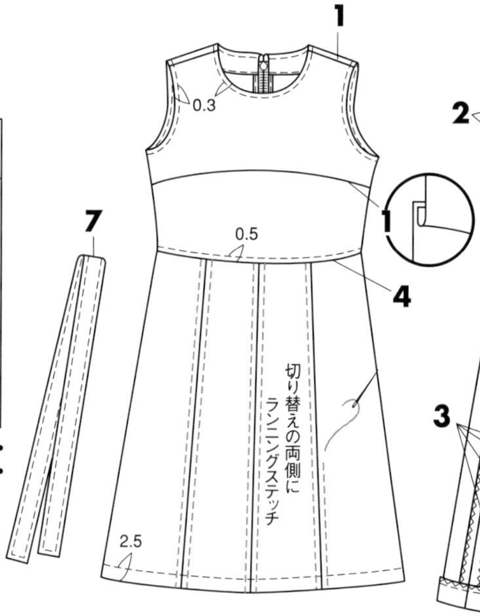

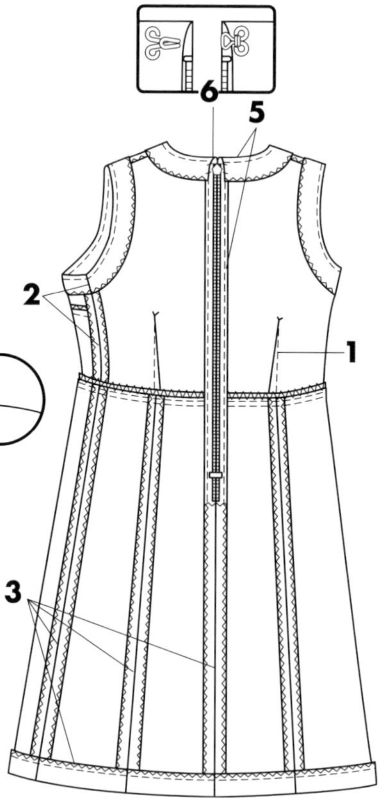

t photo → p.23 Aラインのブロックスカート

材料

布地…カプリタスフィネス（合成皮革）
130㎝幅×S・M1.6ｍ／L・LL1.8ｍ
コンシールファスナー…22㎝長さを1本
かぎホック…小1組
● 実物大型紙（　　）／B面

縫い方順序

1. 上と下を縫い合わせ、前後それぞれ4枚を縫い合わせる
2. 脇を縫う
3. コンシールファスナーをつける
4. ウエストをくるむ
5. 裾を縫う
6. かぎホックをつける

●裁ち合わせ図

（　）内は縫い代、指定以外は1㎝

●★印のところはコンシールファスナーの台布幅と同じにする

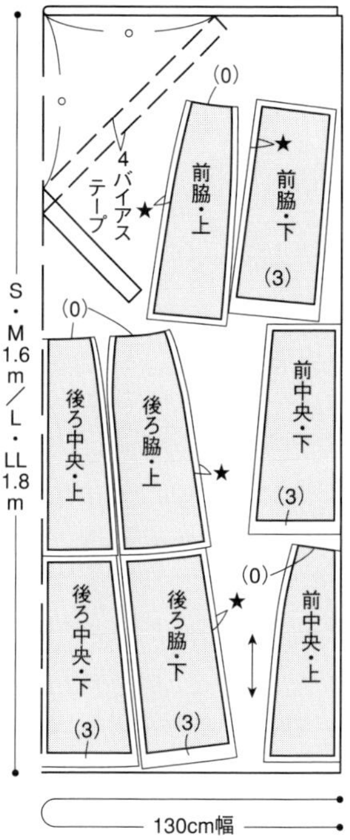

1.上と下を縫い合わせ、4枚を縫い合わせる

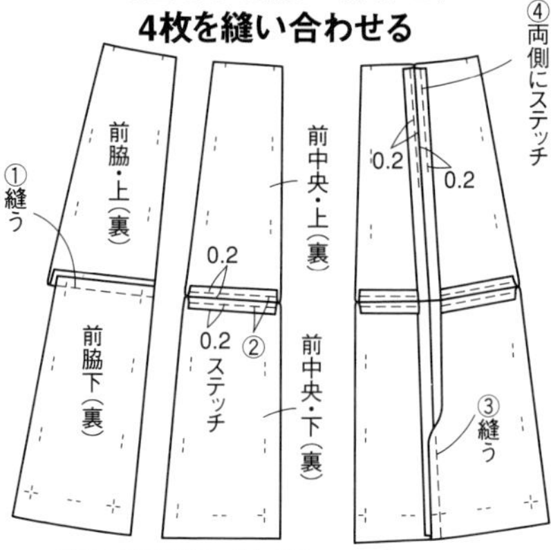

後ろも同様に縫い合わせる

2.脇を縫う

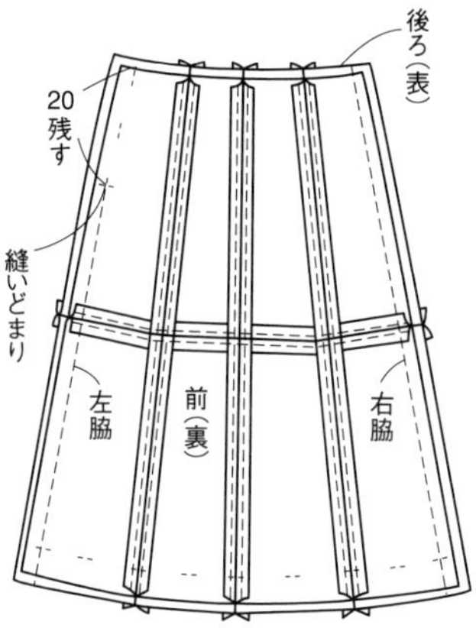

3.コンシールファスナーをつける

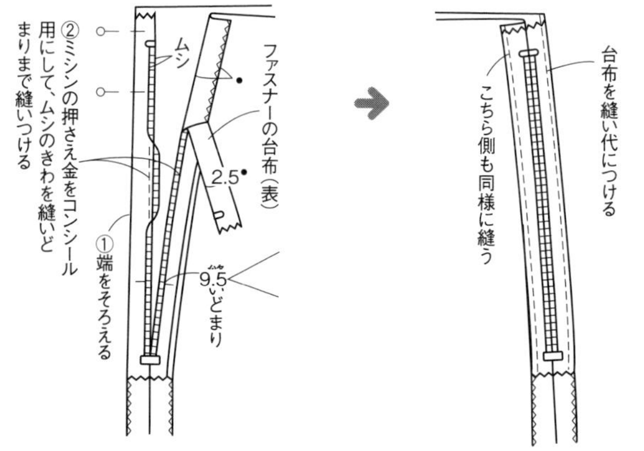

4.ウエストをくるむ

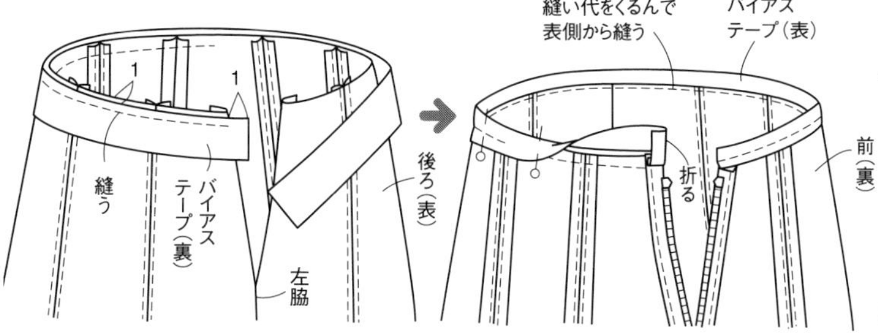

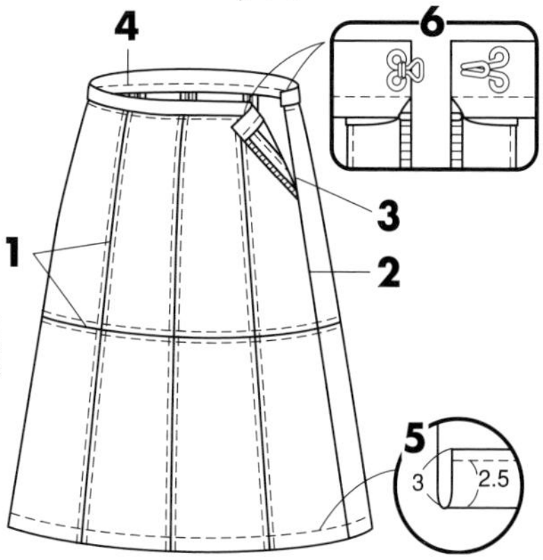

u photo → p.24-25 変形ジャンパースカート

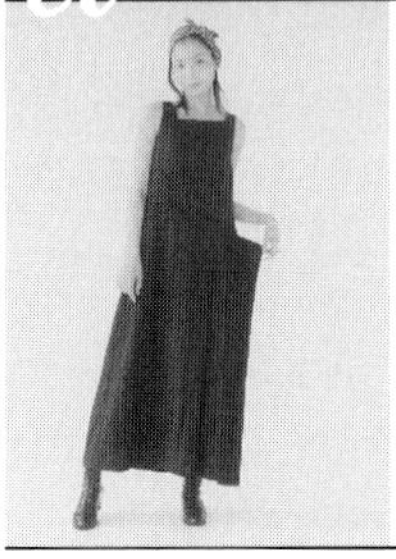

材料

布地…ダブルクリアレース
93cm幅×3.6ｍ

接着テープ…3.4ｍ

コンシールファスナー…56cm長さを1本

かぎホック…小1組

● 実物大型紙（　　）／A面

縫い方順序

1. 見返しの衿ぐり、袖ぐりの縫い代に芯を貼って身頃につける（p.47参照）
2. 肩を縫う（p.47参照）
3. 身頃の脇を縫う
4. スカートの後ろ中心を縫いどまりまで縫う
5. ひだ奥を縫い、脇と裾を縫う
6. ウエストを縫う
7. ファスナーをつけ（p.43参照）、見返しをつける（p.47参照）
8. かぎホックをつける

●裁ち合わせ図

（　）内は縫い代、指定以外は1cm

- 前スカートはひだ山で切り離し
8cmのプリーツ分を平行に加えて裁つ
- 型紙は見返し以外すべて裏返して布の裏に配置
- 背あき縫い代、見返しの衿ぐりと袖ぐりの縫い代に接着テープ

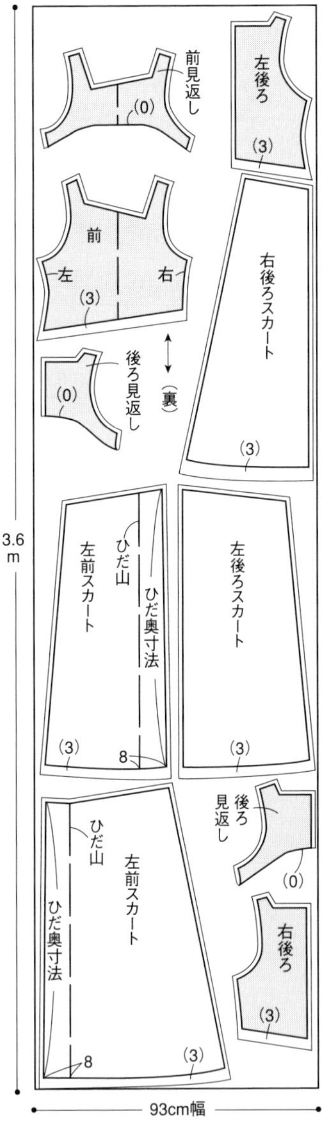

身頃の型紙からスカートの型紙をつくる（①～⑥の手順）

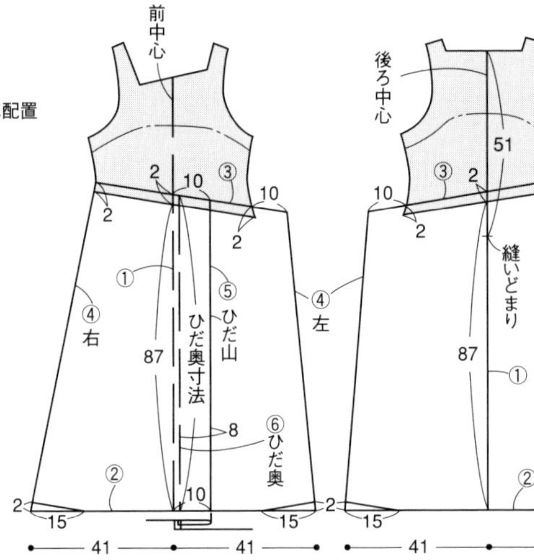

①中心線を87cm延長　②裾線を引く
③身頃のウエストの2cm上に平行に線を引く

3.身頃の脇を縫う

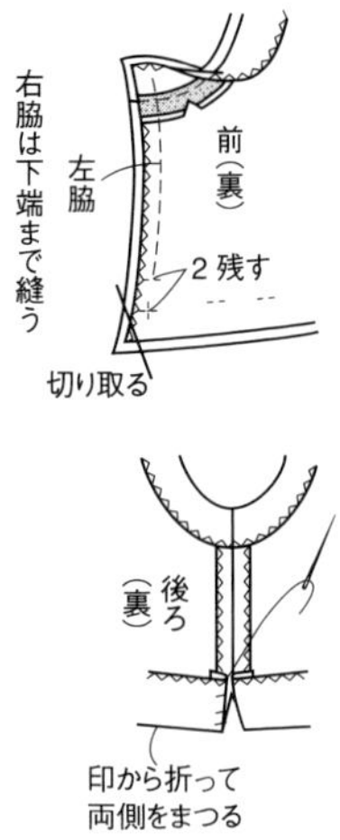

5.ひだ奥を縫い、脇と裾を縫う

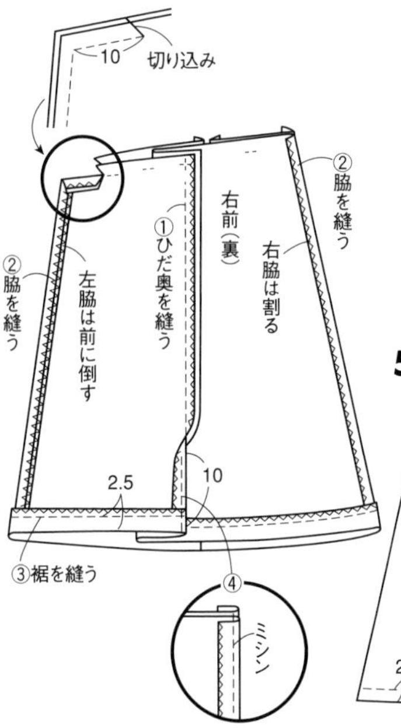

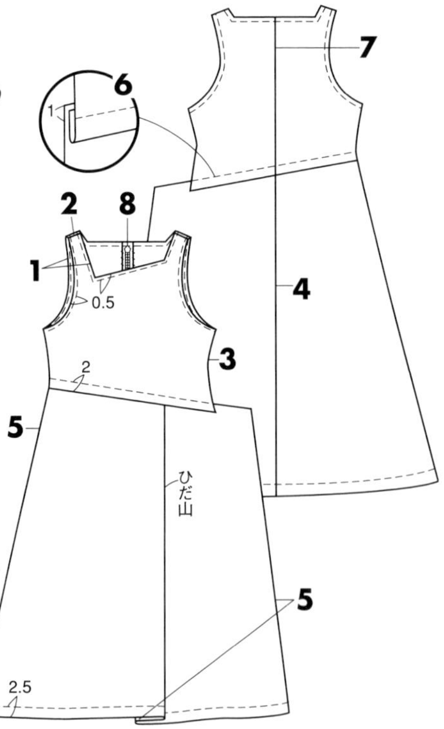

パイピングのアシンメトリーブラウス

材料

布地…ポンチ150㎝幅×1.5ｍ

グログランテープ…2.5㎝幅を2.8ｍ

● 実物大型紙（　）／A面

縫い方順序

1. 左肩を縫い、衿ぐりをテープでくるんで右肩を縫う

2. 脇を縫う

3. 袖口をテープでくるみ、袖下を縫う

4. 袖をつける（p.55参照）

5. 裾にテープをつける

1. 左肩を縫い、衿ぐりをテープでくるんで右肩を縫う

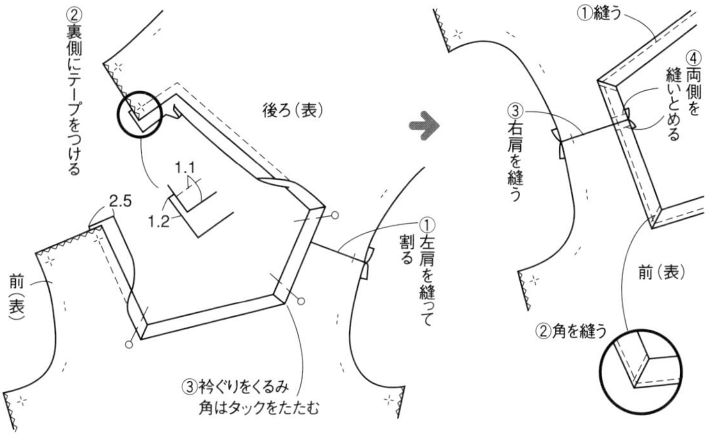

2. 脇を縫う

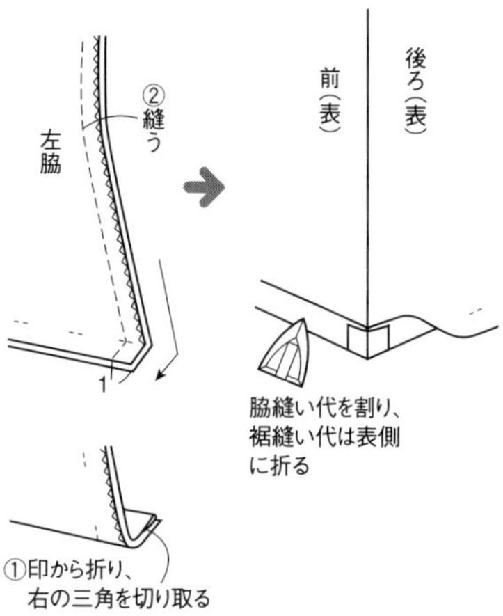

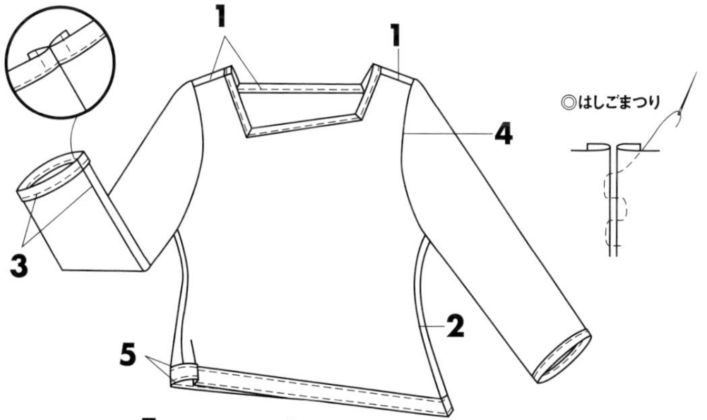

●裁ち合わせ図

（　）内は縫い代、指定以外は1㎝

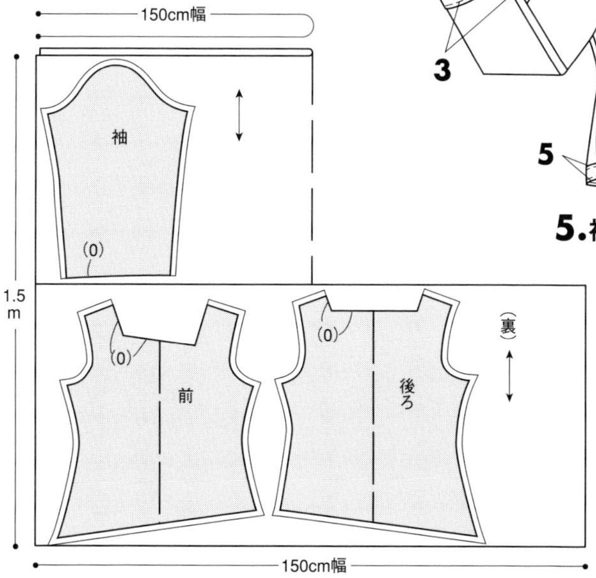

5. 裾にテープをつける

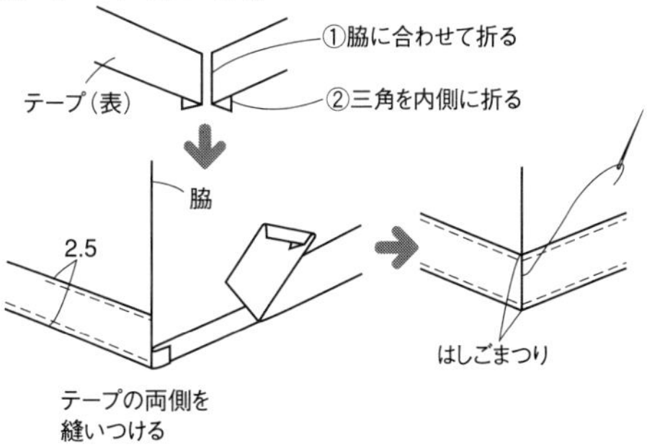

X photo → p.28　リボンのチャイナワンピース

材料

布地…ラムース（スエード調人工皮革）

130cm幅S・M2.8m／L・LL3m

接着芯…50cm×50cm

コンシールファスナー…40cm長さを1本

スナップ…直径1.2cmを2個

● 実物大型紙（　）／A面

縫い方順序

1. 左脇を縫い、ファスナーをつける（p.43参照）
2. 右袖をつけ、右袖下、右脇を縫う
3. 左袖の後ろ袖つけを後ろ身頃につける
4. 左袖の前袖つけを左下前につける
5. 衿をつくり、衿と見返しをつける
6. 左袖下を縫い、左下前をまつる
7. 袖口、裾の始末
8. ひもとスナップをつける

●裁ち合わせ図

（　）内は縫い代、
指定以外は1cm

- ●前後中心線、前後脇線を延長し、裾線を引く
- ●ひもは下図の寸法に裁つ
- ●表衿、見返しに接着芯

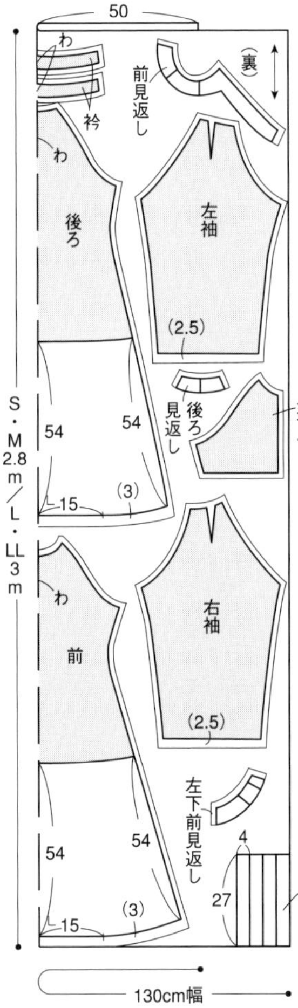

2.3.4.右袖つけ、右袖下、右脇縫い、左袖つけ

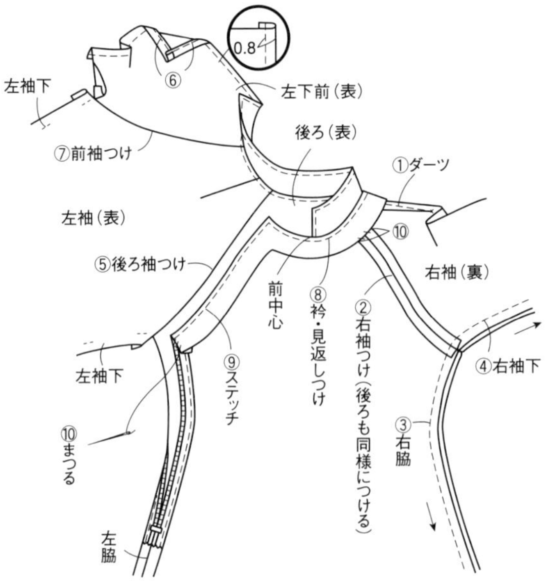

6.左袖下を縫う

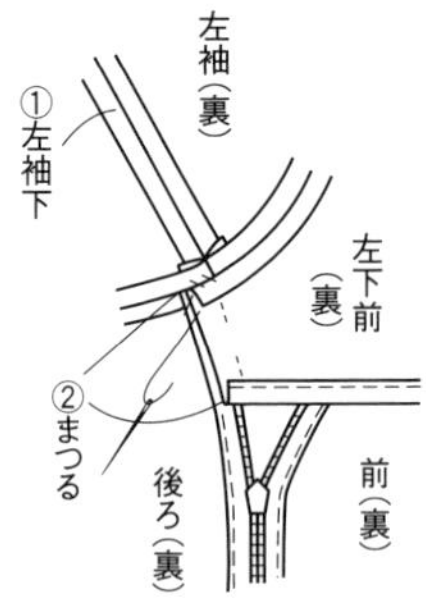

ひも・スナップ位置

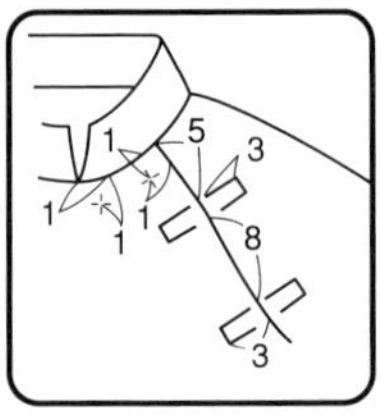

実物大型紙から見返しの型紙をつくる

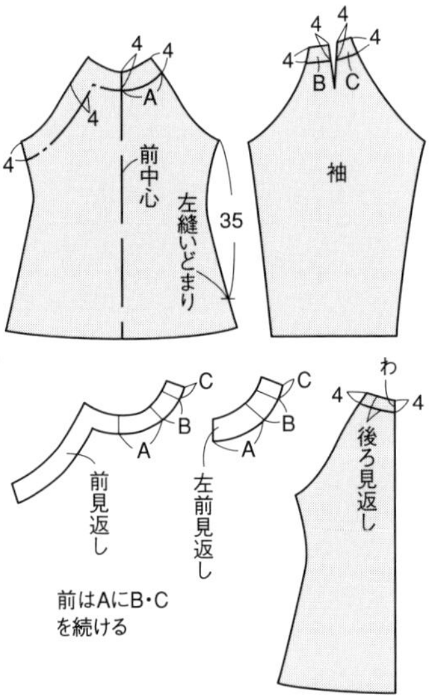

前はAにB・Cを続ける

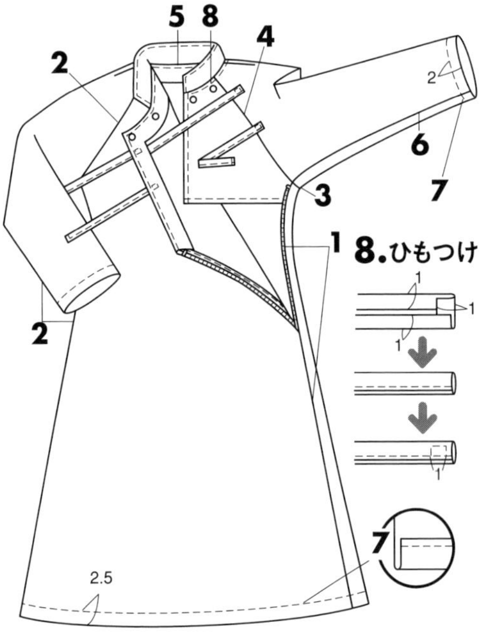

8.ひもつけ

γ photo → p.29 フラノのショートコート

材料

布地…メンズトップフラノ148cm幅×2.2ｍ
裏地…ベンンベルグ122cm幅×1.8ｍ
接着芯…90cm×70cm
ボタン…2.5cm角を3個、直径2cmを1個
ちからボタン…4個
● 実物大型紙（　　）／A面

縫い方順序

1. ポケットをつくる
2. 後ろ中心を縫う
3. 袖口布をつけ、袖をつける
4. 衿、見返しをつける
5. 袖下、脇を縫う
6. 袖口、裾の始末
7. 裏身頃をつくってつける（p.39 参照）
8. ボタンホール・ボタンつけ（p.45 参照）

●裁ち合わせ図［表地］

（　）内は縫い代、指定以外は1cm

●表衿、見返し、袖口、表口布に接着芯
●［裏地］の裁ち方→P.62参照

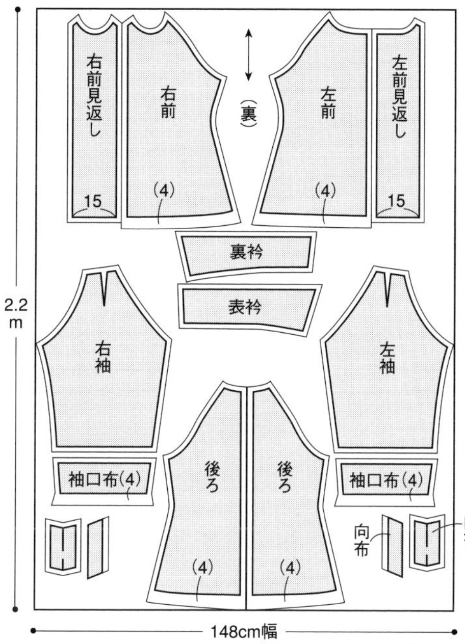

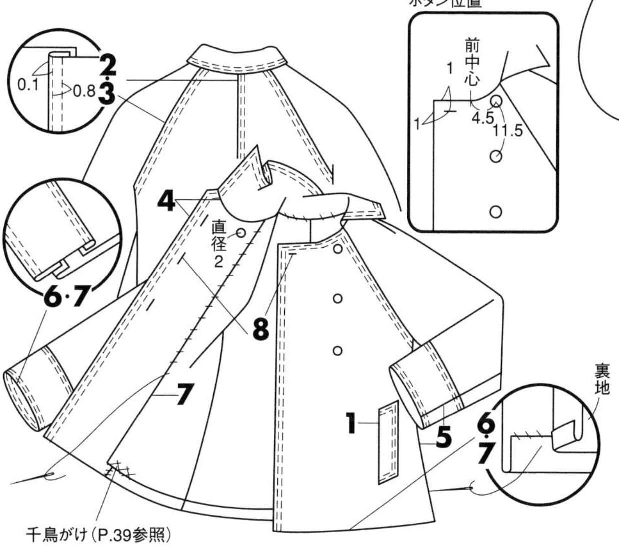

1.ポケットをつくる

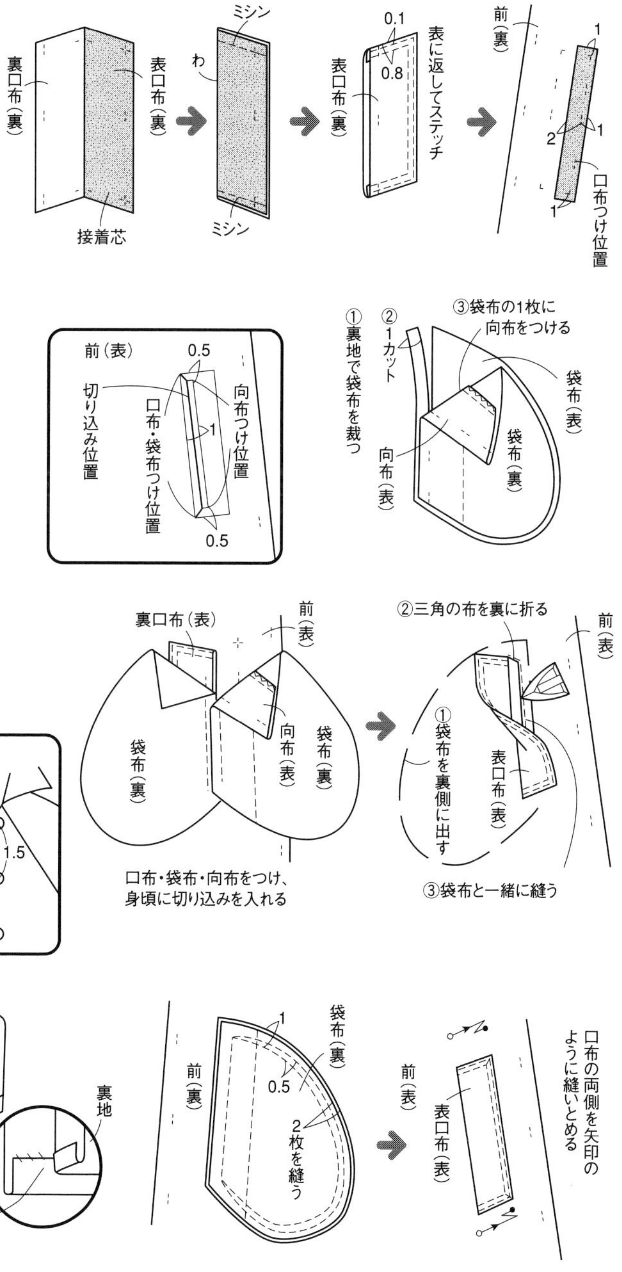

Z photo → p.30-31 ピンドットのラグランコート

材料

布地…先染ドビー 148cm幅×3.2 m
裏地…ベンベルグ122cm幅×2.2 m
接着芯…80cm×140cm
ボタン…直径4.5cmを1個、直径2.5cmを4個
ちからボタン…5個
● 実物大型紙（　）／A面

縫い方順序

1. ポケットをつくる（p.61参照）
2. 袖をつける
3. 衿、見返しをつける
4. 袖下、脇を縫う
5. 袖口の始末
6. 裾の始末
7. 裏身頃をつくってつける（p.39参照）
8. ボタンホール・ボタンつけ（p.45参照）

●裁ち合わせ図

（ ）内は縫い代、
指定以外は1cm

●前後中心線、前後脇線を延長し、裾線を引く
●表衿、見返し、表袖口、表口布に接着芯

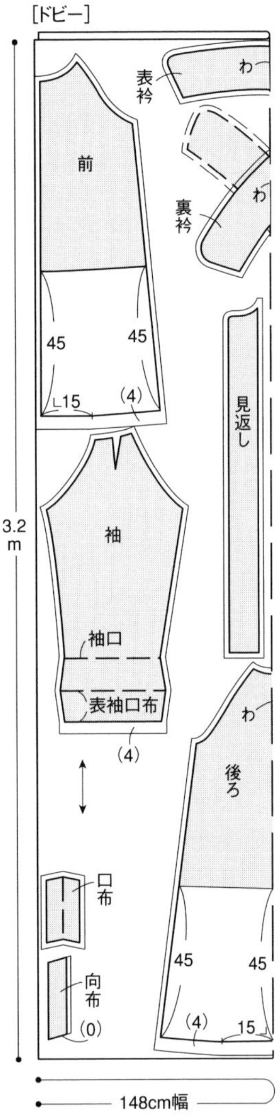

ボタン位置を入れ、
ひよく布の型紙をつくる

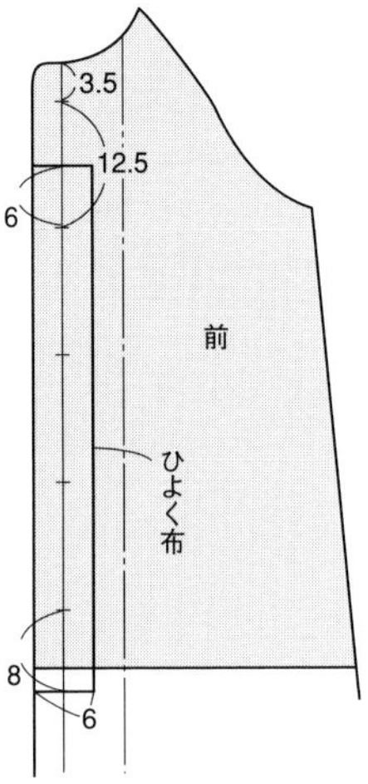

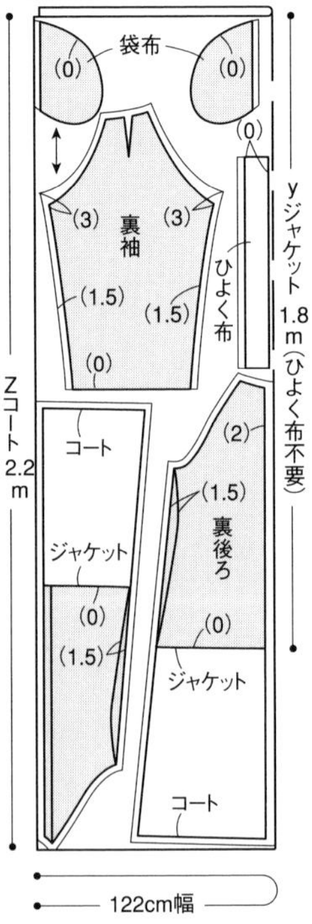

3.衿、見返しをつける

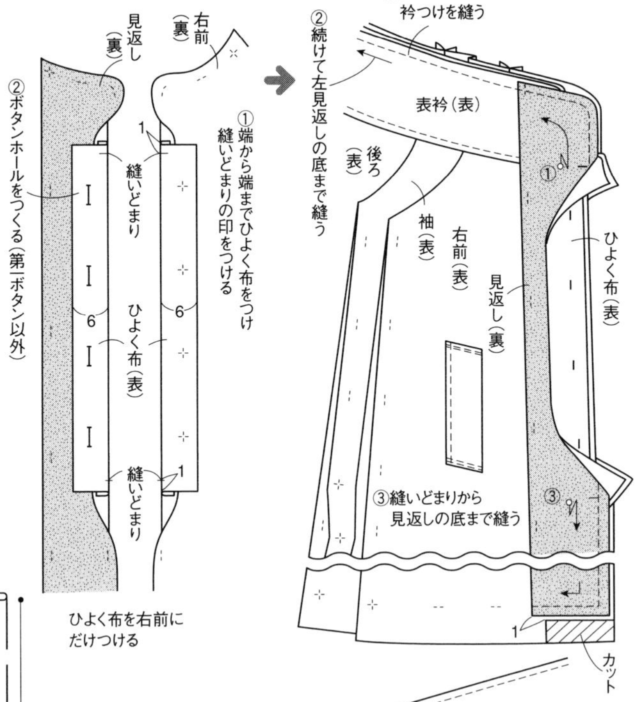

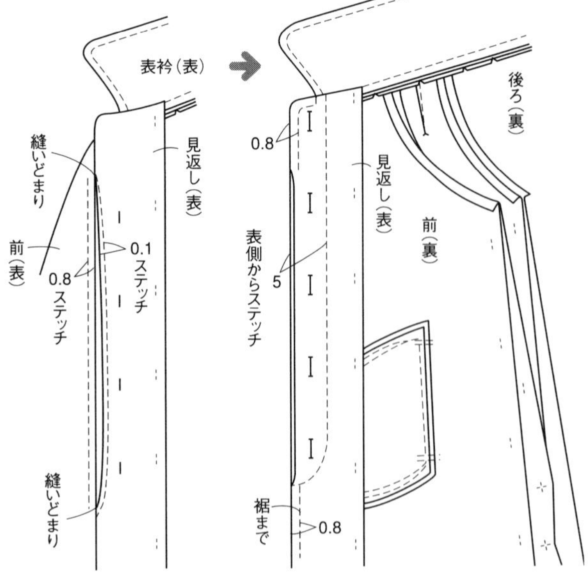

v photo → p.26 袖がレースのチュニックブラウス

材料

布地…ブークレフリース158cm幅×0.8m
レース…6.5cm幅を0.7m
バイアステープ…1.1cm幅を2m
● 実物大型紙（　）／A面

縫い方順序

1. 肩を縫い、衿ぐりの始末（p.36参照）
2. 脇を縫う
3. レースをつけて袖ぐりの始末
4. 裾の始末

●裁ち合わせ図

（　）内は縫い代、
指定以外は1cm

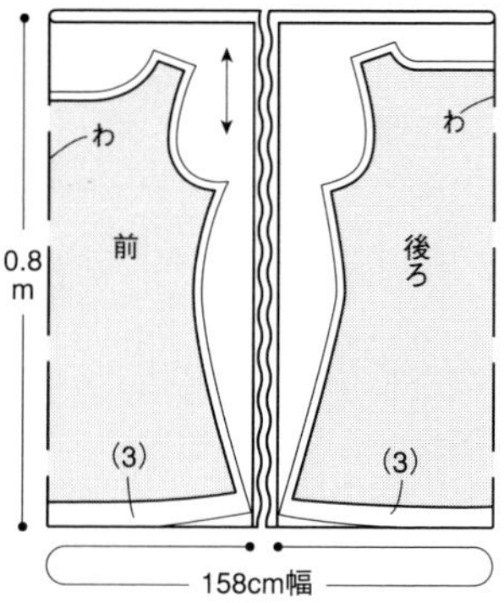

3.レースをつけて袖ぐりの始末

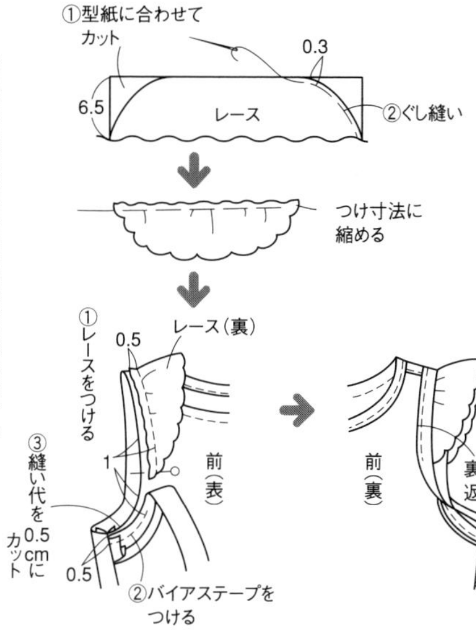

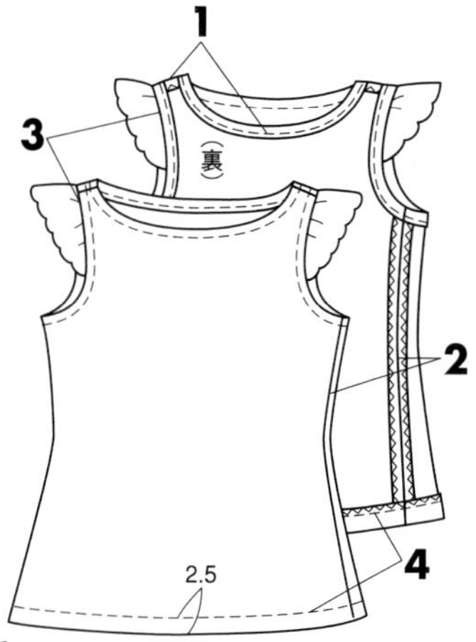

Zのつづき

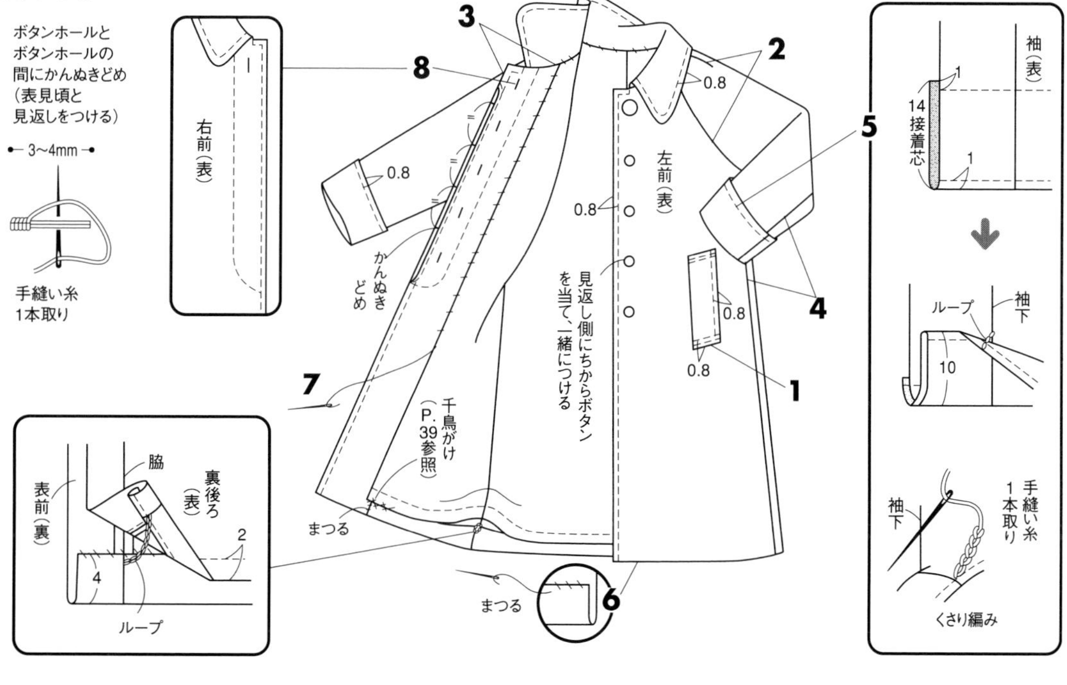

*P*rofile

渡部サト　Sato Watanabe

手作り派。
1971年いわき市生まれのイワキジェンヌ。
作家名（渡部サト）は、手作りの師匠である祖母から。
「シンプルさのなかにほんの少し個性をプラスする、さり気ない格好良さ」がデザイン信条。
著書
『シンプルで愛しい古裂のバッグ』『直線縫いでざくざくできるスカート』
『ウエストゴムの形いろいろキレイめスカート』『新装版 直線縫いでダダダッとつくるワンピース』
『とっておき 手編みのブランケット』（小社刊）、
『きものリフォームnewスタイルブック』（永岡書店）など多数。

*S*taff

撮影♥RIKA
デザイン♥GRiD
ヘア&メイク♥高橋カオリ（Cuna）
モデル♥みずき
作り方原稿♥吉本由美子
イラスト♥八文字則子、小林まみこ
手作り協力♥湯本美江子、今井歌子、新妻理恵、ユーピー☆、
小川久美子、喜里江
編集+スタイリング♥坂本敦子

本書の内容に関するお問い合わせは、
お手紙かメール（jitsuyou@kawade.co.jp）にて承ります。
恐縮ですが、お電話でのお問い合わせは
ご遠慮くださいますようお願いいたします。

S～LLサイズの実物大型紙つき
ときめく黒い服

2005年12月30日　初版発行
2021年 11月20日　新装版初版印刷
2021年 11月30日　新装版初版発行

著　者　渡部サト
発行者　小野寺優
発行所　株式会社河出書房新社
〒151-0051
東京都渋谷区千駄ヶ谷2-32-2
電話 03-3404-1201（営業）
03-3404-8611（編集）
https://www.kawade.co.jp/
印刷・製本 凸版印刷株式会社

Printed in Japan
ISBN978-4-309-28939-7

＊本書は2005年小社刊『ときめく黒い服』を改訂新装したものです。